GEEF ME WAT WARMTE...

MARCEL PLOEM

GEEF ME WAT WARMTE...

Tederheid:
kwaliteit van aanwezigheid

lannoo|tielt|bussum

Omslagontwerp en typografie :
Rik Daze

Twaalfde duizendtal

Gezet, gedrukt en gebonden bij
Drukkerij-Uitgeverij Lannoo pvba, Tielt - 1981

© Uitgeverij Lannoo, Tielt en Bussum
Printed in Belgium

D/1981/45/106
ISBN 90 209 0812 X (3e bijdruk)

opgedragen
aan marijke
in tedere aanwezigheid
aan davidje
voor een tedere toekomst
aan alle vrienden
met wie ik tederheid
mag waarmaken.

Marcel

25 juli 1979

inhoud

KUSSEN

Je mond is zo lief, ik houd
zoveel van je lippen, — ze zijn
zo zacht, als een bloem vouw
je ze om de mijne, ik ben blij
dat je me zo innig vertrouwt.

Hoe vaak hebben wij elkaar
gekust ? Toch is het altijd
nieuw, een behoedzaam opengaan
van woorden die te veel wonder zijn
om sprekend te worden verstaan.

Voor onze ogen veel te dichtbij,
dichterbij dan ons hart, — een taal
die ons beiden het ene geheim
van ons leven verbergt en verklaart,
wij, kussend, ik jou, jij mij.

Gabriël Smit, 'Weerlicht'

inleiding

Ik zou graag gelukkig zijn.
Ik zie dat anderen dit ook willen.
Daarom dit boek : een bijdrage tot het geluk van mezelf en van andere mensen.
Het wil weer doen 'genieten', diep, rijk, fijngevoelig, schroomvol. Het wil een levensgezindheid uitzeggen om heel intens te leven, zich betrokken te weten, bevestigen en bevestigd worden, namen noemen en aangesproken zijn, vraag zijn en beginnend antwoord. Tederheid is midden tussen alles gaan staan wat ons omringt, ontdekken met heel onze inwendige en uitwendige zintuigelijkheid, laten zijn wat is, genieten, opnemen.

Het is in ons diepste-zelf durven afdalen, aanvaarden aanvaard te zijn, zelfaanvaarding, zichzelf graag zijn. Tegelijkertijd is men knooppunt van alles wat er te genieten valt en gelukkig maakt, met zichzelf.

Het is vanuit dit alles, vanuit die eigen kern, dat men naar de andere mens wil : de andere in zijn eigenste eigenheid, in wederzijdse waardering, in schroom, in bevestiging tot steeds grotere en rijkere wording.

Tederheid noemen we deze gezindheid : de voortdurende zachte uitdaging die uitgaat van om het even wat van onze omgeving

9

naar ons toe' en de wederzijdse betrokkenheid van ik en de dingen, ik en mezelf, ik en de anderen.

Het is een levenskunst die we oppervlakkig of intens kunnen beleven. Het heeft te maken met de graad van gevoeligheid om aangesproken te worden en het verlangen om zelf aan te spreken. Dan 'klikt' het. Het maakt ons inwendig warm, er ontstaat een zachte wederkerige uitdaging, een ik-gij verhouding, een wij, telkens broos en breekbaar, maar juist daarom zo kostbaar.

Een dergelijke houding is in deze tijd broodnodig. Er moet weer liefde opschieten : men moet opnieuw kunnen houden van duurzame, stevige en eenvoudige fijne dingen, men moet weer opnieuw de mens aan zichzelf teruggeven, men moet weer de basis leggen voor wederzijds vertrouwen en trouw.

Misschien zal in deze tijd van enerzijds gelukkigmakende mogelijkheden, waarin menselijke relaties uit de sfeer van taboe mogen treden, en anderzijds van stuurloze seksualiteit en beangstigende agressie, tederheid een zachte uitdaging zijn om te ontkomen aan een impasse : de mens die de dingen, zichzelf en de anderen vernietigt.

Hoe broos is het dan om over tederheid te spreken ! We zijn ons dat bewust.
Nergens wordt er meer gefluisterd, geluisterd, zacht gezucht, behoedzaam geraakt en onverstaanbaar stil geroepen als bij haar gebaren en haar taal.
Wat is voller dan haar gemoed,
wat gevulder dan haar stilte ?
wat dieper dan haar blik,
wat meer vlakbij dan haar aanwezigheid ?

Nergens is de persoonsbetrokkenheid zo direct en intens, zodat zij een eigen taal- en tekenwereld ontwerpt — oeroude runen — alleen begrijpelijk door de vertederden.
Tederheid is het privé-terrein van de eigen beleving, zegt men.
Verwoorden, beschrijven, inleiden en begeleiden worden als een inbreuk op dit heilig huiverend gebied aangevoeld.

10

Wie een onbekend land wil ontdekken, behoeft geen wegenkaart. Die reist op zijn kompas. Hoe heeft hij of zij dit inwendig kompas ontwikkeld en verfijnd ? Hoe jonger, hoe onervarener, des te meer is men uit op het 'zelf-ontdekken' en 'zelf-beleven'. Het risico om deze broosheid roekeloos te breken is dan ook groot. Daarom bekruipt ons soms het gevoel van machteloze verwondering, wanneer wij veel te jonge mensen op straat, op fuiven, in losse ontmoetingen of waar ook, een tederheid zien bedrijven die de intimiteit zou moeten kenmerken van gerijpte mensen. Hoe kan dat, hoe kunnen zij dit volhouden zonder de sporen te dragen van veel te vlugge overhaaste ontwikkeling ?

Wie een braakliggend verwaarloosd land wil bebouwen, moet eerst werken en dan geduldig wachten op de vrucht.
Wat niet is gegroeid, is niet eigengemaakt : het is vreemde vrucht. Het risico van vervreemding tegenover eigen beleving is dan ook groot.
Daarom besluipt ons soms het gevoel van ontstelde verbazing, wanneer wij andere generaties in elkaars huisgezinnen, op party's, in hun gangbare grote-mensen cultuur, een tederheid zien bedrijven die eerder doet denken aan niet-gecontroleerd experiment, aan onontkoombare groepsdruk, aan een snelcursus seksuele bijscholing. Hoe kan dat, hoe kunnen zij dit uithouden zonder onherstelbare sporen van veel te grote risico's ?

Het is deze zorg die ons ertoe aanzet stamelende dingen te schrijven over tederheid. Mogelijk kunnen zij mensen helpen om binnen deze enige, diepmenselijke bekoring verklarend, richtingwijzend te zijn.
Wij kijken geboeid toe bij de groei en het zoeken van jong en ouder naar hun eigenheid, hun omgaan met dingen en mensen. En we bemerken veel verwarring, verkeerd opgezette informatie, onrijpheid, uitbuiting, alibi's.
Tederheid kan zó verrukkend en bedwelmend zijn, dat juiste perspectieven uit het oog worden verloren.

Als de mens verrukt wordt, dan door geluk.
Daartoe te mogen bijdragen is ons geluk.

Maakt alles nieuw. Vindt licht.
Gelooft in seizoenen. Twijfelt niet langer.
Lacht weg de vrees. Openbaart de geest.
Ontmoet zijn ziel, treedt uit, de mens, ja !
Naar overal een open portaal
In de voorhof van de voorgeboorte
nooit nog op de aarde geweest
een van leven overvloeiende geest
het meest zichzelf geen engel geen beest
de mens van woorden van woorden
van woorden in woorden terugvertaald
van sterrenstelsel ruisende ritmen —
zelfbewegingen, golflengten en golfslagen.

Simon Vinkenoog

I. er bloeit een nieuwe wereld open

Ik sta met duizenden tijdgenoten
op de scheiding van een oude en een nieuwe wereld.
En ik houd mijn hart vast.
Ik geef niet graag toe dat ik bang ben
om het onzekere van wat komen gaat.
Het klinkt niet dapper, niet vooruitstrevend.
Maar ik voel het : ik ben bang.
Soms rol ik mij in mijn oorspronkelijke embryo-houding :
een oerreflex naar behoud, geborgenheid,
zonder druk van buiten, niet-bestaan.
Ik klamp me vast aan oude waarden,
verschans me op een veilige plek,
koester me in de vaste bestaande cultuur.
Maar ik voel ook :
mijn hart springt op, popelt van leven bij deze omwenteling,
deze wereldrevolutie.
Ik ben ook pionier, ik wil bestaan, uitbreken.
Dan vecht ik voor nieuwe waarden,
Tussen vrees en hoop zweef ik als moderne mens,
als kind van deze tijd,
voel ik de grond deugddoend onder me wegschuiven
omdat het mij tot zwerver maakt.

en ik weet niet wat ik uit deze oude wereld
als waardevol moet behouden
en ik weet niet welke waarden die nieuwe wereld mij aanreikt.
Ik stamel nog een oude taal en vind geen woorden
voor mijn nieuwe ervaring.
Ik steun nog op oude normen en vind geen boeien
voor een nieuw houvast.
Ik leef nog in de oude structuren
en vind geen veilig nieuw thuis.
Ik voel nog in oude relaties en vind geen nieuwe vormen van
betrokkenheid.
Er leeft in mij een nieuwe mens,
maar ik heb de oude nog niet afgelegd.
Ik weet dat ik weer zal moeten leren, moet herboren worden,
en vraag me af hoe dit nog kan op mijn leeftijd.
Mijn zintuigen moet ik wekken.
Mijn verstand vermenselijken.
Mijn gevoelens opdiepen en gestalte durven geven.
Ik zal beetje bij beetje een andere taal moeten durven spreken.
Ik zal met creatieve moed ruimte scheppen,
voor mezelf en voor de gemeenschap,
voor de andere wereld in mij, rondom mij —
en ik weet het, want ik zie het :
ook in de anderen leeft het.
Er bloeit een nieuwe wereld open.

1. De wereld van de gevoelens knalt open

Het is soms als een arsenaal dat boemt. Jarenlang opgestapelde explosieven gaan met een knal de lucht in. Ik sta dan telkens verstomd te kijken welk een ravage het treurige gevolg is. In mijn spreekkamer luister ik geboeid naar trieste maar bevrijdende verhalen. Jarenlang hebben ze de eigen gevoelens moeten opkroppen. Jarenlange opvoeding heeft hen achterdochtig gemaakt tegen die wispelturige, vurige, onnoembare borrelingen in hun binnenste. Hoeveel generaties hebben niet geleerd hun gevoelens voor zichzelf te houden, naar binnen gekeerd. Men diende ze te beheersen. Het was een teken van zwakte, onevenwichtigheid en een slap karakter als men zijn gevoelens de vrije loop liet. Vrouwen en kinderen mochten dat in beperkte mate, maar mannen betaamde het niet. Het was privaatzaak, dingen waarmee men in alle eenzaamheid in zijn binnenste klaar moest komen.

Gevoelens waren overigens te wantrouwen. Het waren slechte raadgevers, irrationeel omdat ze opborrelden vanuit de oerkrachten van de mens. Oncontroleerbaar doken ze op van onder de gordel of vanuit iets onbepaalds. Hun herkomst alleen al maakt ze verdacht. Ze moesten daarom onderworpen worden zoals alle hevige natuurelementen, en het was dus beter ze te onderdrukken vooraleer ze kans kregen hun kop op te steken : laaiend vuur of een ontketende zee. Dichters, dromers, kunstenaars en religieuze dwepers hadden de verdachte toestemming om zich in die ondergrondse te wagen. Daarom dragen zij de dubbele kenmerken van week en fanatiek, irrationeel en grillig, heilig en demonisch.

Mensen die voor het eerst uiting geven aan hun opgekropte gevoelens hebben dikwijls de ervaring in een roes te leven, uitzinnig, dronken. Ze menen gek te worden.

Ik ben de stille getuige geweest
van mensen die eindelijk weer konden schreien,
van herboren ongedwongen verliefdheid,
van schaamte en erkende schuld,
van eindelijk uitgesproken ontgoocheling,
van uitgeschreeuwde wrok en haat,
van verpletterende eenzaamheid,
van ongeduldige hoop naar vruchtbaarheid,

van uitkomstloze angst om ongewenst leven...

De verhalen zelf hebben me inwendig doen schreien en opschrikken. Soms was het als een arsenaal dat explodeerde, vuurwerk dat urenlang dreigend in alle richtingen schoot en leeggebrand dagenlang zwart geblakerd bleef naroken.

Zo ben ik gedwongen in naam van kleine en gekwetste mensen de rekening op te maken van deze intraverte gevoelscultuur.

Ik gruwel van deze hypocriete ijstijd.

Ik huiver van afkeer voor deze periode, die enkel plaats liet voor harde, zelfverzekerde, zelfbewuste, getalenteerde artistocraten. Ik betreur de ontelbare relaties, stukgemaakt door een beknelde ruimte voor genegenheid en verstikt in schuldgevoelens.

Ik schuw de ontmoetingen met mensen die maskers dragen, die zich nooit laten kennen zoals ze eigenlijk zijn, waarvan je nooit deelgenoot van hun beleven mag worden.

Ik klaag de sterken aan die de macht hebben te spelen met de gevoelens van de zwakken en zich daardoor de meerderen wanen.

Ik wens het einde van een opvoedings- en onderwijssysteem, waarin elke gevoelsadem wordt bevroren tot verkillende rijm en waarin alle irrationele oerkrachten in hun wortel worden aangevreten door verlammende kou.

We komen van ver.

Maar eindelijk weet ik, dat ik er mag wezen zonder de dwangbuis van een volmaaktheidsideaal.

Ik kom van ver. Van een plaats waar in mijn mond : „Kan ik iets voor je doen ?" betekende : „Er zijn geen woorden voor mijn angst. Mag ik bij je zijn ? Laat mij niet alleen !" Woede kon zich daar alleen in vriendelijke lachjes uiten. De tranen die in mijn ogen opgesloten zaten, liepen over naar binnen : een hete stroom die zijn weg zocht door mijn keel en zich vastbrandde in mijn maag. De overloop van een bad vol verdriet dat nooit minder wordt. Zo hard verlangde ik naar iemand die mij niet zou veroordelen, dat ik de mensen niet meer durfde aan te kijken. De woorden die mij dichter konden dragen durfde ik niet meer te weten. Mijn handen die wilden aanraken verstijfden tot koude tangen, en mijn huid die zo verlangde om aangeraakt te worden deinsde achteruit voor tederheid. Wanhoop : als een zwarte muur

16

die over me heen viel.

Alsof dit alles nog niet genoeg was, verzon ik een nieuwe kwel-
ling, waarmee ik mezelf verder kon vernielen. Ik ging mijzelf mijn
pijn verwijten. Jarenlang, dag na dag, mezelf met mijn neurosen
op de kop slaan. Vernederen. Bestraffen. Naar de hel van de vol-
maaktheid drijven onder het motto : to be the best or not to be...
Ik heb een lange weg afgelegd. Ik weet niet of ik een stap verder
ben dan toen. Soms lijkt het alsof ik een jarenlange weg loop, die
in een kring ombuigt en mij telkens weer op het beginpunt brengt
dat telkens dieper ligt.

Toch is er iets veranderd : ik ben niet langer mijn vijand. Er
groeien vriendelijke bloemetjes achter mijn oren. Soms loopt het
bad over langs mijn wangen en verbrandt mijn keel en maag niet.
Vaak durf ik even in je ogen te kijken om jou te zien in plaats
van mijn fantasie over jou. Soms vertangen mijn handen niet.
Soms durf ik mij even aan tederheid toe te vertrouwen. En meer
en meer wordt de zweep van het volmaaktheidsideaal vervangen
door de ondeugende humor van een kloteneuroot die er van zich-
zelf mag wezen.

Bruno De Roeck, 'Gras onder mijn voeten', Haarlem, De Toorts, 1976,
blz. 27.

Toen hebben we de dijken doorbroken.

Het water is kolkend en stroelend als een bevrijdende doop na
een hergeboorte over ons heen gespoeld.

We hebben ons in onze gevoelens gewassen, net als in een
relaxerend bad ons om en om gedraaid, tot we loom en geweekt
in ons blootje terug de kouwe grond onder de voeten voelden.

Ik bedoel : we hebben ons rot gerijpt — en dat doen we nog — in
allerlei trainingen. Plots werden we gespreksgroepen ingedreven,
werd er ongevraagd in ons diepste gedolven, legden we ons hele
hebben en houwen op de markt en speelden roulette met onze
gevoelens. We creëerden een cursus-kopers-publiek en strooiden
een handige reclame te grabbel : 'Wie zijn gevoelens niet kent, is
ziek'. Moderne voyeurs rukten gretig aan, schudden een aantal
weerlozen uit en lieten de anderen door allerlei lectuur delen in
veler privacy. Zo gingen we gevoelens consumeren.

17

Intussen vroegen weinigen zich af of er nood was, welke nood en of die rijp was om ze voor het individu of voor de groep te grabbel te gooien.

In grote mate hebben we ons van een noodzakelijke privacy beroofd. Met allerlei apparatuur is men de woonkamer, de slaap- en badkamer en ook onze inwendige en intieme kamers binnengedrongen. Wij 'zoomen' alles vlakbij en krijgen het, vergroot en in disproportie, voor de ogen.

Onze tijd beleeft op dit gebied een getormenteerde ambiguïteit. Enerzijds wil men elk verdoken hoekje in de openbaarheid brengen, de taboes wegnemen, het keiharde realisme als dé waarheid onthullen. Anderzijds voelt men zich in zijn blootje, bekeken, afgeluisterd, bespied. Men vlucht alle doorkijk. Men wil zich opnieuw beschermen door een weggedoken bungalow in de bossen — het tuya-syndroom —, of door huizen met blinde buitenmuren, maar binnenin een leuke patio.

Soms doet het hele gebeuren me denken aan het langgeleden bevrijdingsfeest. Jaren had men met zwart papier alle licht en leven afgedekt, uit schrik voor de moordende bombardementen. Verduisteren was een begrip, een behoudsreflex. Toen kwam de bevrijding en iedereen beleefde een nieuwe lente op straat, in de bedwelming.

Het was het einde van het maquis, einde van de guerilla : het binnenste mocht en moest naar buiten. Wij ontkurkten champagne, en elke knal deed opborrelen wat reeds jaren in de kelders lag te rijpen en om en om was gedraaid. Nu mocht het boven komen, nu moest het boven komen.

We beseffen nauwelijks welk een kater we er aan over houden.

Uit ouders die nog de sporen dragen van hun guerilla-strijd tegen al te eenzijdig intellectualisme, maar ook getekend zijn door gevoelsleukemie én bovendien de kater verwerken van die plotselinge gevoelsexplosie, worden de kinderen geboren van de nieuwe generatie. Ik noem hen de vacuümgeneratie.

„De ouderen, door hun eigen pijnlijke ervaringen geleerd, zullen zich er wel voor wachten hen de opvoeding op te dringen die zij zelf eenmaal gekregen hebben. Maar diezelfde ouderen missen persoonlijk houvast en tot rijpheid gegroeid inzicht, zodat zij zich meestal niet in staat voelen om de jongeren rustig naar een persoonlijk verantwoord gevoelsinzicht te laten rijpen. De jongeren staan aldus voor een soort opvoedingsvacuüm. Ze worden niet geconfronteerd met een wereld van volwassen gevoelens, maar met een zgn. permissieve wereld : alles mag nu, alles kan, je ziet zelf maar hoe je het klaart."

(L. Monden, *Hoogland* Dok. 21e jg., p. 137.)

Ik ontmoette haar enkele jaren geleden. Ze was een spettering van spontaneïteit, speelsheid, argeloze eenvoud, warme jeugd. Er ging zo'n intense aanwezigheid van haar uit als zij er was. Iedereen fleurde op en de vanzelfsprekende vormen waarin ze haar genegenheid goot, deden iedereen zichtbaar deugd. Ook mij. Zij was het prototype van de nieuwe gevoelige generatie, het typische kind van deze tijd. Zij hoefde het hebben en uiten van gevoelens niet meer te bevechten, zij deed het... in het vacuüm, in een ijlte, in een wereld zonder grensgevoel, zonder normen tenzij die van het eigen gevoel. Een nieuw dogma is geboren : Ik voel het zo, dan is het zo. Of anders geformuleerd nog : Ik wil zo dicht mogelijk bij mijn gevoelens leven, zo eerlijk mogelijk, rakelings vlakbij... ik wil mijn gevoelens voelen, ze telkens vertalen en omzetten in gebaren, in relaties.

Ik zie tal van jonge mensen kapotgaan in dit vacuüm. Rakelings bij je gevoelens leven is een constante topinspanning. Het moet ongelooflijk vermoeiend zijn en uitputtend. Op een dergelijke manier eerlijk en ononderbroken op de op- en neerwaartse pieken van je gevoelens leven, veronderstelt dat men ofwel een ascetische fakir is, ofwel ga je d'r aan kapot. Men kwetst zich aan een dodelijke mobiliteit en scherpte : men is nooit meer rustig thuis bij zichzelf, altijd 'on the rocks'.
Deze ontdekking van de 'innerlijke wereld' maakt me blij.
Er is een nieuwe langverborgen energiebron aangeboord. Vroeg of laat moest de eenzijdige intellectualistische cultuur en opvoeding als enige krachtbron vervreemdend en onaantrekkelijk voorkomen. Maar ik vrees dat we zó onvoorzichtig en verkwistend met die spuiende gevoelens omspringen en ook weer even eenzijdig, dat zij ons gaan beheersen, net zoals de vér doorgedreven

19

intellectualisering, in plaats dat de mens ze in handen houdt. De inzet is de totale mens.

Zich mogen uiten,
zich kunnen uitdrukken,
zich kwetsbaar kunnen opstellen,
bereikbaar zijn,
zich niet verkrampt te hoeven afschermen :
wat een heerlijke vrijheid !
wat een omwentelende ontdekking !

Maar wie leert me die taal ?
Wie spreekt, vertolkt, vertaalt, gebaart
wat ik niet eens heb leren stamelen ?
En vooral :
Bij wie mag ik dit veilig leren ?
Bij wie mag ik mij geborgen weten, mij toevertrouwen ?
Wie wil dezelfde taal spreken,
en hoe kan ik weten dat de ander mij niet misbruikt,
mijn gevoelens manipuleert ?
Want ik wil niet als een ritsloos nummer
of aan mijn schaamte voorbij
onontkoombaar telkens in een ander bed belanden.
Ik heb geen woorden voor wat me diep doordringt,
ik ken slechts stereotiepe symbolen,
woord-arm, expressie-schraal, symbool-vreemd.

Ik stap al te schuchter over
van een viriele naar een vrouwelijke maatschappij.
Ik erken schoorvoetend nieuwe waarden
als intuïtie, creativiteit, empathie.
Ik sta nog al te grijpend in deze wereld in plaats van begrijpend.
Ik hervind slechts langzaam woorden als moeder-natuur, oergrond, vruchtbaarheid...
Ik mis vormen waarin ik mijn omgang
met dingen, mezelf en de anderen kan gestalte geven.
Ik ben op zoek naar warme waardevolle tederheidspatronen, niet op de vlucht voor, maar als antwoord op de dagelijkse uitdaging.

Vertaal in woorden wat ik voel
vertaal in voelen wat ik weet
vertaal in weten wat ik wens
want ik wens wetend met woorden te voelen.
Laat je lichaam vertaler zijn
bekend met de meeste talen
en laten wij vervolgens samen
een harde taal van nieuwe tekens schrijven.

H.J. Oolbekkink

de woorden
waren warm in ons
en lagen hoog
te wachten op de ander
de stilte
was het woord dat bond
we spraken diep
met heilige handen

M. Ploem

2. De wereld van de 'volwassenheid' kraakt open

De 'volwassenen' hebben flinke deuken gekregen. Ze staan in diskrediet.

Het was niet al fatsoen wat men achter de schermen te zien kreeg. Sindsdien is 'volwassen-worden' en 'volwassenheid' geen vanzelfsprekend streefdoel meer. Integendeel.

Vroeger moesten jeugdigen trachten volwassenen te worden.

Nu trachten volwassenen zo lang mogelijk jeugdig te blijven.

Wat is er aan de knikker ?

'Volwassenheid' was vroeger een welbepaalde leeftijd.

Men stapte die wereld binnen door de poort van deelname aan het produktiesysteem. Men was iemand vanaf het ogenblik dat men iets presteerde. In ons denken zit volwassenheid muurvast geklonken aan ons economisch bestel.

In die optiek zijn kinderen en jeugdigen nog onvolwassen, omdat zij nog op weg zijn naar hun plaats in de maatschappij. *Zij worden opgeleid.* Om diezelfde reden verloopt de integratie van gehandicapten en marginalen zo moeizaam, omdat ze nooit een volle arbeidskracht kunnen zijn. *Zij worden afgeleid.*

Om dezelfde reden zijn bejaarden verplicht vroegtijdig te onttakelen, want hun produktieritme voldoet niet meer. *Zij worden uitgeleid.*

Dit is een statistische opvatting van volwassenheid.

Zij staat in het teken van 'hebben', nl. zijn leeftijd hebben, een functie hebben.

Een dynamische opvatting staat in het teken van 'zijn', van voortdurende groei, van verandering.

Het leven van een mens is als een veerkrachtige spiraal. Beginnend vanuit een klein onooglijk puntje kringt ze steeds breder en breder uit. In een spiraal zijn er geen verdiepingen : men is nooit op de hoogste étage, men kan nooit 'arriveren'. De ene verdieping loopt in de andere over, oneindig.

Elke kring houdt zijn eigen typische opdracht in, waarmee men telkens moet klaarkomen. Toch nodigt elke spiraalring uit naar hogerop : er zit appellerende zwier in.

Zo heeft elke leeftijd haar eigen volwassenheid.

Een kind van drie jaar kan een perfect harmonieus volwassen kind zijn, maar zoals een kind van drie jaar dit kan zijn : *een groeiend evenwicht.* Zo kan een puber een volwassen mens zijn, maar gezien vanuit zijn uniek en labiel zó-zijn : *een koorddansend evenwicht.*

Zo moet een tachtiger nog vechten om zijn vol-wassenheid, door klaar te komen met de dood : *een uiteindelijke balans.*

Deze dynamische zienswijze heeft eerbied voor elke vorm van anders-zijn. Ze haalt de marginalen uit hun isolatie.

Ze stapt af van de standaard-norm, het ideaalbeeld.

Het uitgangspunt wordt de unieke positie van elke mens, déze mens. M.a.w. volwassenheid staat niet langer relatief tegenover juridische maatschappelijke leeftijd en functie, maar tegenover de eigen mogelijkheden en beperktheden van elke persoon.

Niet datgene wat men presteert blijft de enige norm, maar wat men 'is', hoe men wil groeien, hoe men aan zichzelf werkt.

Vroeger was men 'vol-wassen' als men werkte, arbeidde.

Men was vruchtbaar als men produceerde.

Het gaf bestaanszekerheid, een sociale positie. Het gaf aanzien. Achter deze façade stond dikwijls een bouwvallig huis, lag een puinhoop of braakland van nooit ontgonnen mogelijkheden, van nooit bewoonde inwendigheid. Het was leegte.

De droom de mens gelukkig te maken door een wereld te creëren waarin alles voorhanden zou zijn, wat elke denkbare behoefte kon bevredigen, is uiteengespat. De vruchten van die volwassenheid waren luxe en comfort. Ze kende duidelijk prioriteit toe aan kwantiteit boven kwaliteit, massamaat boven mensenmaat. Het heeft ons een tijdlang een bedwelmend gevoel gegeven, omdat we dansend rond het gouden kalf verblind werden door klatergoud. De vervreemding van onszelf trachten we te verdoezelen door steeds nieuwe dingen. We liepen weg van onze meest rijke en diepe ervaringen en te pletter in luxe en comfort.

Zo kraakt de wereld van de volwassenheid in haar voegen.

De nieuwe generatie voelt zich niet gelukkig in die uithuizigheid, in steeds groeiende anonimiteit. Zij hebben gezien hoe de oudere generatie zich heeft stuk gewerkt, in een moordend ritme zich heeft 'opgewerkt' en aan leegte en afwezigheid is doodgebloed. Nu het bankroet getekend wordt van die produktiemaatschappij, en de arbeid niet meer hét fundament is, verloor deze soort volwassenheid alle aantrekkelijkheid.

Zo komt het dat jeugdigen niet meer in die wereld willen binnenstappen. Zij bedanken feestelijk voor zo'n uitkomstloze toekomst.

Zo komt het dat ook volwassenen zelf in die wereld niet langer willen blijven.

Jong en oud is op de vlucht uit angst : volwassenheid is taboe geworden. In deze psychose wordt een nieuwe wet geboren : vitaliteit.

Leven is niet meer volwassen(e) worden of volwassen(e) zijn, maar vitaal zijn, mee-zijn, in-zijn, er goed en krachtig uitzien, 'jonger zijn dan je denkt', in elke omstandigheid overleven, meenemen wat er mee te pikken valt. La vitalité au pouvoir.

Zo zijn we van de regen in de drop beland.

Zowel de vroegere volwassenheid als de moderne vitaliteit hebben een gemeenschappelijke basis : kwantiteit. Het ene is massaproduktie, het andere massa-consumptie. Beide liggen buiten de mens; het zijn externe waarden. Het is valse vruchtbaarheid, omdat het vervreemdende vruchten zijn.

Zó kan de mens zich in zijn eigenheid niet meer herkennen.

Het kan zijn inwendigheid niet vullen.

Kwantiteit werkt vervlakkend :

mensen worden confectie-standaard-maten en -patronen.

Dynamische 'volwassenheid' stapt hiervan af.

Zij keert terug naar de mens, elke mens.

Zij geeft de mens aan zichzelf terug en laat hem voor zichzelf een uitdaging zijn.

Zij vergelijkt niet telkens met de andere, de concurrent, in competitie, met een ideaalbeeld, in onbereikbaarheid.

Zij appelleert aan de persoonlijke mogelijkheden.

Zij waardeert persoonlijke beperktheden en aanvaardt ze.

Want ze weet dat ieders mogelijkheden zijn beperktheden zijn en ieders beperktheden deel uitmaken van zijn uniek-zijn.

Zij gaat uit van wat er is. Eerbied voor het zó-zijn is haar houding.

Zij is echter niet toegeeflijk, laks, verwennend,

maar ze is aanwezig bij wat is, uitnodigend voor wat kan,

begrijpend voor het eigen groeiritme.

De maat van volwassenheid ligt anders voor elke mens.

De volle maat zoeken is zijn onaflaatbare roeping.

De moderne mens ontvlucht die roeping,
uit angst om aan zichzelf te moeten werken,
uit onbekwaamheid zich inwendig vruchtbaar te maken,
uit onmacht kwalitatief sterke en goede relaties te leggen
vanuit eigen inwendigheid.

Hij weigert de boeiende moeilijke tocht om interne waarden te zoeken. Dynamische vol-wassenheid is niet meer de uitwendige pel, de verpakking, maar de inwendige pit, de vruchtbare inhoud.

Voortaan zal mijn volwassenheid gemeten worden aan mijn relatiebekwaamheid. De kwaliteit van die omgang, mijn wijze van betrokkenheid met dingen, mezelf en anderen, zal inhoud geven aan mijn tederheid.

Zo moest dus de wereld van de 'volwassenheid' open breken om tederheid mogelijk te maken.

Wij hebben over heel de lijn het gevoel voor kwaliteit verloren : dit gevoel moeten wij terugwinnen, we moeten het leven weer baseren op kwaliteit.

Kwaliteit is de grote vijand van iedere massificatie.

Maatschappelijk gezien betekent dit, dat men niet meedoet aan de jacht op hoge posities, breekt met iedere persoonsverheerlijking, onbevangen hoger- en lagergeplaatsten tegemoettreedt, vooral als het gaat om de keuze van intieme vrienden, dat men ze kent vanuit het verborgen leven, en dat men de moed heeft deel te nemen aan het openbaar leven.

Waardering van kwaliteit betekent cultureel gezien de terugkeer van krant en radio naar het boek, van haast naar ontspannenheid en stilte, van verstrooiing naar concentratie, van sensatie naar bezinning, van virtuositeit naar kunst, van snobisme naar bescheidenheid, van ongebondenheid naar maat.

Kwantiteiten betwisten elkaar de leefruimte; kwaliteiten vullen elkaar aan.

Dietrich Bonhoeffer

3. *De wereld van de seksualiteit barst open*

De seksualiteit gehuld in zeven sluiers,
gebruikt er één van voor 't verversen van de luiers,
één gooit zij zomaar in 't publiek van louter vreugd,
één dient privé voor het ont-dekken van de deugd,
één voor 't bewaren van het spaargeld, 't prenuptiale,
één hoedt er voor betrekkingen, premaritale,
één wordt geworpen over de verleden tijd,
één dient voor het verhullen van de eeuwigheid :
dan is de seksualiteit niet meer te stillen
en slaat van lieverlee al pletsend op haar billen..

Anonymus (WVh.)

Wees vruchtbaar

Samen met de revolutie van de gevoelens en de ontmaskering van valse 'volwassenheid', is een andere wereld opengebarsten : die van de seksualiteit.

Er zijn bijzonder opvallende scheuren gereten in de seksualiteitsbeleving. Ze hebben enkele van de meest belangrijke waarden op hun grondvesten doen daveren.

Boeiend is de zoektocht hoe in het westers gedrags- en denkpatroon seksualiteit volkomen parallel loopt met de produktie-idee. Seksualiteit was fysische vruchtbaarheid, mensenproduktie, 'kinderzegen'. Het was een vluggertje in het donker, onder de dekens, en zo kort mogelijk van 'geneugten'. Het uiteindelijke resultaat primeerde boven de wederzijds beleefde innigheid. Niet de relatie stond vooraan, maar het krijgen van kinderen.

Seksualiteit deelde gewoon in de mentaliteit van de tijd : alles stond in het teken van de efficiëntie, de bruikbaarheid, de voortbrengstcapaciteit. Er was geen plaats voor spel, muzische gezindheid, vrije tijd... laat staan dat men vormen had waarin dit alles kon beleefd worden als waardevolle menselijke relaties en communicatie.

Seksualiteit was een morele plicht binnen het huwelijkskader, binnen de man-vrouw verhouding, binnen het vruchtbaarheidsbeginsel. Zij werd dan ook uitgedrukt als het recht op elkaars lichaam (vooral het recht van de man) of de plicht de ander terwille te zijn. Seksualiteit was er niet voor de mens, maar de mens was seksualiteit verplicht. De principes waarop ze was geheid, beheersten de mens. Hijzelf mocht seksualiteit niet hanteren, ze beleven als was ze iets van hemzelf. Daardoor heeft ze lange jaren de mens van zichzelf vervreemd. Ze is dezelfde weg gegaan als de menselijke 'arbeid' : heel ver weg van zijn eigen-zijn, iets dat hij doet om te overleven, niet om te léven, gelukkig te zijn, te scheppen, te genieten. Deze vruchtbaarheid kon natuurlijk enkel binnen de man-vrouw-setting. Alleen dit model werd aanvaard als het enige vol-waardige, volwassen model. Seksualiteit was dan ook het exclusieve privilege van de volwassen huwelijkspartners.

Het is verbazingwekkend logisch te ontdekken hoe in dit schema kinderen, jeugdigen, alleenstaanden, marginalen, gehandicapten, weduwen, celibatairs, bejaarden, geen seksualiteit mogen en kunnen hebben. Zij vallen er buiten. Zij hebben geen toegang tot het geheimzinnige ritueel, het magische extatische territorium van de vitale ingewijden. Alleen de gehuwden zijn de priesters die toegang hebben tot het taboe, ipso facto.

Dit is het onderliggende axioma : seksualiteit is het alleenrecht van de gehuwde volwassenen. Alleen daar is er kans op vruchtbaarheid. Anders beleefde seksualiteit is op basis van dit axioma ofwel onvolgroeid of te sublimeren of pervers.

Vruchtbaarheidsseksualiteit veronderstelt evident 'volwassenheid'. Men liet die immers samenvallen met de leeftijd waarin de 'normale' mens in de kracht van zijn jaren en de fleur van zijn leven is. Men was vol-wassen wanneer men 'het' kon. En het kon wanneer men huwde.

Men heeft zo de zin van de seksualiteit scheef getrokken en haar verengd tot genitale vruchtbaarheid. Zelfs het kinderloze huwelijk werd vanuit dat standpunt als on-volledig, niet volgroeid, onvolmaakt en minderwaardig aangezien. Het droeg de doem van mislukking.

In het perspectief van een dergelijke seksualiteit, die samenvalt met de seksueel-genitale bedrijvigheid van de man-vrouw-setting, is uiteraard kinder- en jeugdseksualiteit een onrijpe onvolgroeide seksualiteit en geeft men op basis van dezelfde redenering aan oudere mensen het gevoel dat het voor hen voorbij is, stilaan wegebt en onttakelt. Men mythologiseert de labiliteit van de puberteit en het depressieve karakter van meno- en penopauze. Zo blijft de vitale alleenheerser stevig te paard rijden.

Wat karikaturaal getekend, maar toch juist, zou men het zó kunnen verwoorden : kind en jeugdige zijn de langzame aanloop en het oud-worden de langzame fatale afloop. Of nog anders : eerst lang wachten vooraleer men van de taart mag snoepen, tenslotte er zich bij neerleggen dat enkel de korst overblijft, nadat men er de crème-fraîche heeft afgelikt.

Op dezelfde manier marginaliseert men homofielen. Zij passen niet in dit axioma, in deze ogenschijnlijke oerevidente 'man-vrouw' of het 'penis-in-vagina'-schema. Zij zijn een gevaarlijk vraagteken en een onrustig bewijs voor een eventuele weerlegging van het axioma. Zij zijn een aanvechting van het vruchtbaarheidsprincipe. Misschien zijn zij richtingwijzers dat het anders ook kan, hetzelfde maar anders, een vruchtbaarheid van een andere orde, een even ernstige schroomvolle relatie, diepmenselijke tederheid.

Hoeveel alleenstaanden, ongehuwden, hebben niet dagelijks de trieste ervaring te verwerken om als on-vol, niet-geslaagd, te worden bekeken. Zij ook zijn het mikpunt van constante discriminatie, zijn de muurbloempjes in de werelddancing, de onbeschermde 'argelozen', de noodzakelijk gefrustreerden, de bedreigende rivalen van de echtparen. Er wordt verondersteld dat zij óf geen benul hebben van seksualiteit, óf die sublimeren, óf zich redden op dit terrein door zich overactief in sociaal werk te storten, óf chagrijnig hun vereenzaming zitten te verzuren, óf... zand erover, zwijgen, ze laten sudderen in hun schuldgevoelens.

Het is nog niet zo lang geleden dat men op congressen over gehandicapten officieel de raad gaf niet met hen over seksualiteit te praten, anders riskeerde men dat ze die nog kregen ook. En oh ! dat zou zó vervelend zijn. Houdt hen seksloze wezens. Maak hen niet bewust van dit aspect van hun persoonlijkheid. Laat dit potje gedekt. Integreer hen, subsidieer hen, emancipeer hen, maar laat ze in hemelsnaam niet bij elkaar, laat ze geen kindjes krijgen! Joke Forceville-van Rossum geeft in haar prachtig dagboek van een rouwproces 'Dagen van na-bestaan' een vlijmscherpe analyse, hoe ze, als jonge weduwe, ervaart plots een seksloos wezen te zijn geworden.

13 maart

Terloops zei Tanja — met wie Charles en ik al bevriend zijn sinds ze hier woont — vanavond in een gesprek : je bent nu natuurlijk ineens een seksloos wezen geworden.

Ik schrok er eigenlijk van. Nee, het schokte me. Want dat had nog niemand hardop durven verwoorden. Ik wilde er heel graag op ingaan. Maar het gesprek nam een wending. Hoe het kwam, weet ik niet meer. Misschien door de telefoon. Misschien was het ook wel opzet. Want wie durft daarover te praten ? Heeft ze zelf wel de diepte van die waarheid beseft ? Er zou geen taboe meer rusten op de seksualiteit. Nou, vergeet dat maar. Een weduwe, alleenstaande vrouwen, oude mensen hebben daarmee niets van doen. Door de dood van je echtgenoot, vooral als die helemaal onvoorzien komt, word je met wortel en al van je bestaansgrond afgerukt. Wie heeft ook al weer gezegd 'La vie de la femme, c'est l'homme' ? Dat losgerukt worden kent heel duidelijk een seksueel aspect. Feit is : je gaat niet meer samen naar bed. Maar er is oneindig veel méér. Of misschien moet je zeggen oneindig veel minder.

Want weg is het vertrouwen van het je tegelijkertijd uitkleden, voorbij het stoeien op de badkamer. Onwezenlijk ver het in zachtheid bij elkaar zijn. Onbeleefbaar nu voorgoed de tederheid van het elkaars lichaam strelen, of het woordeloos samen in bed liggen. Je mist de seksualiteit.

Mis je als vrouw misschien niet nog veel meer de erotiek ? Ik denk zo dikwijls dat alles wat met de seksuele en erotische beleving samenhangt door vrouwen veel genuanceerder en vooral onderling veel verscheidener wordt beleefd dan door mannen. In gesprekken met vrouwen blijkt me dat ook wel. Voor ons is erotiek veel belangrijker dan seks sec.

Maar als weduwe doe je gewoon een stevig deksel op een doos, die je heel ver weg, achter in het donkerste hoekje van een weinig gebruikte kast zet.

Klaar ermee. Nooit meer over praten.

Joke Forceville-van Rossum, 'Dagen van na-bestaan'. Ambo, Baarn, 1978, p. 13.

Een opvatting van seksualiteit die alleen rechten geeft aan één bepaalde leefvorm en vanuit die monopolie-positie alle andere belevingen in de kou laat staan, zelfs verdrukt, kan geen juiste opvatting zijn.

Seksualiteit moet dus een ruimere inhoud krijgen dan de seksueel-genitale betrokkenheid tussen man en vrouw.

Seksualiteit kan niet langer het alleenrecht blijven van de vitale 'normale' volwassene binnen het huwelijk. M.a.w. elke mens, klein of groot, jong of oud, gehuwd of ongehuwd, homo- of heteroseksueel, man of vrouw, alleen of in een partnerrelatie, elke mens heeft het onvervreemdbare recht op een eigen seksualiteitsbeleven. Seksualiteit is voor elke mens een opgave tot persoonsverwerkelijking. Zijn eigen zó-zijn, ingebed in zijn gemeenschap en binnen de eigen cultuur, zal bepalen welke vorm van seksualiteitsbeleving de zijne zal zijn, waarin hij gelukkig mens wil worden.

Dit is groei, dynamiek, zelfver-werk-elijking, cultuurschepping, relatievorming.

Het is voor de na-oorlogse mens een ongelooflijke ontdekking geweest te constateren, dat seksualiteit iets van hemzelf is, ingeworteld in zijn diepste eigenheid.

Dit bewustzijn is als een bom ingeslagen.

Sindsdien is hij, met gissen en missen, met scha en schande, roekeloos gaan experimenteren met deze explosieve kracht. Seksualiteit zit immers hecht verstrengeld met heel de gevoelswereld. Ze is een oerkracht.

Beiden behoorden tot dit huiveringwekkend gebied van het taboe. Ontketende men het een, het ander was er aan vastgeklonken.

Toen het arsenaal van de gevoelens in de lucht was gevlogen, kwam uiteraard de lang ingebunkerde wereld van de seksualiteit open en bloot te liggen.

Brave mensen, die plichtbewust en nauwgezet, met een naïeve argeloosheid en bewonderenswaardige zelfbeheersing, vooral met een ingebeiteld normbesef en een oervast geweten, hun hele leven door seksualiteit binnen hun slaapkamer en het bedekte grote-mensengepraat hadden kunnen houden, zagen met één slag die wereld binnenstebuiten en ondersteboven gekeerd. Seksualiteit was plots te koop in hun straat. Het was hun gebuur geworden, behoorde tot het dagelijkse straatbeeld, de verpakking, de reclame. Het vroeger-onzichtbare was nu zichtbaar. De verborgen verleiders werden openlijke aanprijzers.

Wat vroeger angstvallig in de 'hel' van de bibliotheek achter draad of slot zat, werd nu in elke boekhandel warm aanbevolen. Wat men vroeger sluipend en stiekem moest veroveren, werd voortaan in elke bioscoop vertoond.

Wat vroeger als onweer van onzedigheid van de preekstoel rolde, scheen plots tot de normale erotiek te behoren.

Wat vroeger stof was voor een kleine elite censoren, werd nu aan de algemene openbaarheid prijsgegeven.

Enz. enz.

Heruit resulteerde een aantal typische houdingen.

1. Velen gooiden alle bestaande normen overboord en gingen seksualiteit consumeren, experimenteren, elk denkbeeldig gedrag legitimeren. Zij liepen letterlijk en figuurlijk bloot om eindelijk het gevoel te hebben dat niets hun beweging en vrijheid nog knelde, tot en met hun kleren.

2. Velen voelden elke grond onder hun voeten wegschuiven. Ofwel grepen zij in een behoudsreflex krampachtig terug naar het verleden en voorbije normen, ofwel voelden ze zich onzeker en ongelukkig zitten tussen twee stoelen. In deze ambiguë situatie trachtten ze te schipperen tussen conservatisme en opportunisme. Zij omzeilden seksualiteit met hogere principes. Seksualiteit blijft voor hen vreemd en gevaarlijk.

3. Velen voelden zich bedrogen. Datgene wat zij met bloed en tranen, dikwijls onder enorme spanningen en schuldgevoelens, hadden 'gelaten', scheen nu nutteloze moeite te zijn geweest. Zij verwoorden hun ontgoocheling veelal zó : ,,Wat hebben ze ons toch allemaal wijsgemaakt !''. De vroegere morele instanties hebben hun geloofwaardigheid op dit terrein verloren : de opvoeders en opvoedingsidealen, de Kerk, de gezagsdragers, de eigen cultuur, bepaalde waarden van de gemeenschap. Zij vechten tegen deze ontgoocheling, leven in een soort 'vacuüm'. Enerzijds willen zij deze oude normen afleggen, maar anderzijds ervaren ze maar al te goed hoe deze denk- en doepatronen in hun hele wezen zitten ingebakken. Zij willen nog graag de vroegere morele instanties

krediet en geloofwaardigheid verlenen, maar dan op andere gronden : opener, eerlijker en met ruime verantwoorde inspraak, niet vanuit macht en een vervreemdende wet, maar vanuit dienstbaarheid en liefde. Het is soms een harde, ontwrichtende, pijnlijke ontworsteling. Soms ook bevrijdend.

4. Sommigen gaan, geleerd door hun ervaring en die van hun medemensen, op zoek naar een nieuwe betekenis van seksualiteit. Hun geschiedenis draagt misschien sporen uit elk van de vorige groepen, maar uiteindelijk willen zij een verantwoorde plaats geven aan de seksualiteit in een vernieuwd mensbeeld. Het is duidelijk dat zij afstappen van een starre seksualiteitsopvatting naar een dynamische. Zij wensen geen absolute uitspraken meer te doen noch te horen verkondigen. Zij wensen seksualiteit dynamisch te beleven : zowel zichzelf als de cultuur kansen geven om te groeien en te veranderen. Zij willen vooral dat dit aspect van elke persoon zijn volle kans krijgt, wie hij ook is en welke zijn eigen (soms beperkte) mogelijkheden ook zijn.

Niet langer geldt de roep 'Wees vruchtbaar', maar er borrelt een nieuw verlangen op 'wees jezelf'. Seksualiteit is weer in handen gegeven (gevallen) van de mens. Nu hij erover beschikt, beseft hij pas, onthutst, wat een opgave het is.

Wees gelukkig

Het komt mij voor dat een eenvoudige maar toch juiste samenvatting van de zin en de opdracht van elke mens is zelf gelukkig te zijn en anderen gelukkig te maken. De mens moet zichzelf zo multidimensioneel mogelijk ontwikkelen in al zijn facetten : geestelijk, sociaal, religieus, lichamelijk, enz.

Hij moet dit alles zo bewust en harmonieus mogelijk uitbouwen, m.a.w. hij moet trachten een diepe *beleving* te hebben, waar heel zijn persoonlijk en gemeenschappelijk leven wordt doorleefd tot in de uiterste vezels van zijn bestaan. Een dergelijke gezindheid zou ik graag 'levenskunst' noemen, of anders, maar gevaarlijker geformuleerd 'genieten'.

Echte menselijke seksualiteit is er op de allereerste plaats om ge-
lukkig te zijn, om in de goede zin van het woord 'te genieten'.

Het mag geen Hedonisme worden. zie blz. 45

Wil zo vriendelijk zijn mij niet verkeerd te verstaan : met genie- *dit*
ten bedoel ik niet 'profiteren', normloos zijn goesting doen. Wie *is*
het leven in handen houdt, hem doortrekt schroom, huiver, *Hedo-*
eerbied. Echte levenskunstenaars laten het andere, de andere *nisme*
precies in hun eigenheid tot recht komen. Ze leggen geen beslag op
de dingen, maar hebben juist zo'n helder oog op de samenhang, de
eigen oorspronkelijke zin, de oerwaarde en de zeggingskracht van
ieder afzonderlijk wezen. Het is pas wanneer de dingen uit hun
verband worden gerukt, dat ze hun betekenis verliezen. Zo hebben
wij geen weet meer wat seksualiteit eigenlijk betekent, welke haar
plaats is in het grote geheel. We hebben haar 'verdinglicht', tot
een object gemaakt. Het blijkt dat de huidige mens in toenemende
mate van alles vervreemdt.

Wij leven in een anonieme wereld.
Ook bij onszelf voelen wij ons niet meer thuis. Er is zoveel dat
ons overspoelt, er is zoveel kwantiteit, dat we niet meer rustig de
tijd hebben voor kwaliteit.
We zijn vreemd geworden tegenover ons eigen lichaam. Meer dan
ooit zijn we 'uithuizig', we wonen niet meer in een eigen body.
We hebben wel lotions, shaves, shampoo's, sauna's, massagetechnieken, voedingsdieeten, relaxmethodes, coïtushoudingen : we hebben veel, en dit alles zou ons ook meer mogelijkheden moeten geven om op een heerlijk-menselijke manier te genieten. Maar we
hebben hier ongeproportioneerd geofferd aan de Moloch van de
kwantiteit. We hebben de zin verloren voor de juiste relatie m.a.w.
voor de kwaliteit.
Waar ooit de mens het 'doel' kende van zijn bestaan, maar niet de
middelen, kent hij thans enorm veel middelen, maar is hij het
doel kwijtgeraakt. De motor van de auto is geperfectioneerd, maar
men weet niet meer waar men naartoe moet rijden.
Welnu, voor de seksualiteit geldt grosso modo hetzelfde. Vroeger
was het doel duidelijk — zij het dan uitsluitend en eenzijdig op
de huwelijksvruchtbaarheid gericht, maar men kende de middelen
niet. Nu kennen we de middelen, maar zien ondertussen het doel

en de zin van de seksualiteit niet meer. Wij zijn van een naïeve onwetendheid overgestapt in een wereld van onverhulde informatie, van over-informatie. Terwijl we op een verbluffende wijze ons *weten* hebben bijgeschoold, hebben we op een averechtse manier ons *ge-weten* verwaarloosd. Immers indien wij seksualiteit willen beleven als levenskunstenaars, dan zouden wij ervoor moeten zorgen dat wij een verantwoorde keuze doen vanuit een fijngevoelig geweten.

Kunnen kiezen is levenskunst.

Men heeft het de mensen en jongelui niet gemakkelijk gemaakt. De media hebben een lawine van informatie op het grote publiek doen afrollen. Even vlug volgde de commercialisatie van deze goedverkopende waar. Een te gemakkelijke en onkritische vulgarisatie van gegevens uit de medische, psychologische en antropologische wetenschappen deed de grenzen van de eigen cultuur springen, zodat er geen taboes meer schenen te bestaan. Men ging plots seksualiteit bedrijven op zijn Vuurlands, Japans, met de Kama Soetra onder het hoofdkussen, met de argeloosheid van de Balinezen of wat de Tsjambuli leuk vinden. We staan voor het probleem of we eerst een moderne roman moeten lezen en dan naar bed gaan, of eerst naar bed gaan om ons daarna in een roman als modern te herkennen.

Ondertussen vroegen we ons niet af wie we zelf dan wel waren.

Kortom : de grote fout die we gemaakt hebben lijkt deze te zijn : we hebben ons laten verblinden door een wereld vol nieuwigheden die al te lang verborgen was gebleven en nu plots voor ons is opengegaan. We hebben er wellicht met de gretigheid en de gulzigheid, eigen aan kinderen, een indigestie aan overgehouden.

Toch ben ik blij om deze enorme nieuwe mogelijkheden, om de kans mijn menselijkheid rijker uit te bouwen door al dit nieuwe op een harmonische manier te integreren. Het betekent dat ik open en ontvankelijk, in grote luisterbereidheid de eigen waarde van al deze nieuwe dingen moet toetsen, voor mezelf en voor de gemeenschap waarin ik leef. Hier stoten we op een zeer belangrijk fundament van de seksualiteit. Het liefst zou ik deze willen aanduiden met een reeks woorden, in plaats van één, omdat ze elk een bepaalde nuance weergeven nl. eerbied, schroom, huiver, ontzag, attentie, wijding. *Immers, seksualiteitsbeleving is een relatie-bele-*

ving. Het gaat over mijn relaties met dingen, met mezelf, met anderen (en in de mystiek zelfs met God). Deze relaties kunnen kwalitatief, intens of oppervlakkig zijn, diep aangrijpend of fladderend flirtend, met geheel de persoon of slechts partieel, engagerend of vrijblijvend, vanuit een mentaliteit die beslag legt of vanuit een bevrijde en bevrijdende ruimte.

Het komt er dus op aan, indien ik mijn seksualiteit in zijn volle en diepe menselijkheid wil beleven, kwalitatief goede en sterke relaties te leggen. Dit moet ik leren, en merkt u : dit moet ik mijn hele leven door leren.

Over seksualiteit

We schreven reeds hoger dat seksualiteit te maken heeft met ons gehele dynamische mens-zijn.

De mens is een groeiend wezen met verschillende facetten : geestelijk, sociaal, religieus, cultureel, lichamelijk... Als hij werk maakt van zijn persoonsontwikkeling dan heeft hij een beleving van elk van deze aspecten. Zo heeft hij ook een eigen aanvoelen, een eigen lichaamsschema of -beeld, een typische *lichaamsbeleving.* Niet elke mens heeft eenzelfde intensiteit van lichaamsbewustzijn. Sommigen leven lichamelijk zeer automatisch. Zij zijn zich nauwelijks bewust een lichaam te hebben of te zijn. Slechts op uitzonderlijke kritieke momenten weten zij dit, b.v. bij ziekte, ongeval, honger, zware arbeid...

Anderen leven zeer lichamelijk, bijna bestiaal. Zij schijnen eenzijdig hun lichamelijke behoeften te overaccentueren.

Weer anderen sublimeren hun lichaam of negeren het. Alleen het geestelijke of spirituele telt voor hen. Het lichaam is voor hen een kerker, ballast en bedreiging.

Tenslotte zijn er mensen die elk van die persoonsfacetten, in onderlinge samenhang, harmonieus en in proportie willen ontwikkelen. Zij zijn zich bewust dat de mens één groot geheel is. Eén facet is slechts een bepaalde hoek van waaruit de mens gezien wordt. Alle facetten zijn even waardevol en vullen elkaar aan.

Het is dus belangrijk te weten dat wat hier stuksgewijze naast elkaar wordt gezet, eigenlijk in elkaar verstrengeld hoort te zitten.

35

Bovendien is dit netwerk, dit spel van verschillende accenten, bij elke mens uniek, onherhaalbaar.

Lichamelijkheid kan men in verschillende dingen beleven en meer of minder bewust vorm en gestalte geven.

Schematisch kunnen we het zo tekenen :

MENS
geestelijk aspect
sociaal
cultureel
religieus
lichamelijk

Elk aspect heeft *een eigen beleving* en toch in wisselwerking met de anderen.

lichaamsbeleving
of seksualiteit in

zintuiglijkheid
hygiëne, gezondheid
voeding
ritme
arbeid
kleding
natuurverbondenheid
beweging - rust
communicatie
genitaliteit
ontspanning - spanning
feest
aan- en afwezigheid
pijn - verdriet

Zoals het lichaamsaspect verbonden is met de andere menselijke aspecten, zo zijn die verschillende groepen 'lichaamsbeleving' ook onderling met elkaar verstrengeld. Laten we een duidelijk voorbeeld geven. Ik kan mij kleden om hygiënische en gezondheidsredenen (warmte, netheid...). Ik kan mij kleden om mooi te zijn. Ik kan mij kleden als communicatiemiddel, nl. om mooi en aantrekkelijk te zijn voor iemand die ik graag zie. Dan omhul ik me. Ik verhul me.

Ik kan mij kleden als communicatiemiddel in de hoop dat ik zó aantrekkelijk ben dat de ander met mij een genitale communicatie wil. Ik kleed me uit-dagend. Dan verhul ik mij om me daarna te onthullen. Ik kleed me aan om mij uit te kleden.

Een ander voorbeeld :

Ik ben me bewust dat we in een jachtige wereld leven.

Dit heeft te maken met ons moderne ritme.

De arbeid-in-stress jakkert me fysisch af.

Ik kom tot rust door natuurverbondenheid en door lichamelijke beweging. Daarom zit ik in een wandel- en tennisclub.

Merk je hoe je lichaam een belangrijk integratiepunt is, draaischijf van buiten naar binnen, raakvlak van jezelf met de wereld ? Je lichaam is het vermiddelingspunt, de vertalende radar, doorgang naar een naam, begrijpen, verstaan, be-staan. Je lichaam als kans, voor jezelf om tot bestaan te komen, voor de wereld om te bestaan.

Je lichaamsbeleving bepaalt mede en kleurt je relatiebekwaamheid met de dingen, jezelf, de andere(n), de Andere. *Seksuaiteitsbeleving is relatiebeleving.*

Je kan niet anders de dingen, jezelf en de andere(n) zien, horen, voelen, smaken, ruiken... dan vanuit je zó-zijn. Door alles heen zindert en trilt je eigenheid. Je denken en doen draagt jouw waarmerk. Het is nu belangrijk te weten en zich duidelijk bewust te zijn dat elke mens het eigen lichaam anders beleeft. Het lichaamsschema van een invalide is anders dan van een valide. Een homofiel is anders georiënteerd dan een heterofiel. Een vrouw staat anders in de wereld dan een man : meer be-grijpend dan grijpend, meer intuïtief dan rationeel, meer zorgend dan bezorgend. Ziek voelt anders aan dan gezond. Een bril moeten dragen geeft een ander lichaamsbeeld dan klare, heldere kijkers.

Bepaalde dingen hebben wellicht eerder een geringe of tijdelijke invloed op het eigen lichaamsbeeld (b.v. een bril, puistjes, linkshandigheid, hoogblond haar enz.). Maar er zijn fundamentele diep-ingrijpende, constituerende factoren voor de eigen lichaamsbeleving. Zij bepalen onontkoombaar wie ik ben en hoe ik besta. Zo'n constituante is het jongen of meisje, man of vrouw zijn.

Seksualiteit is nu precies de manier waarop ik mij als man (voor een vrouw : waarop ik mij als vrouw) verhoud tegenover de dingen, mezelf, de andere(n), de Andere.

Ik weet dat ik door deze bepaling seksualiteit een andere inhoud geef dan de gewone gangbare. Maar ik doe dit bewust, omdat daardoor meer kansen en vooral grotere leefbare ruimte wordt geschapen.

Ik word niet meer gedwongen als ik seksualiteit wil beleven om meteen de genitale toer op te gaan. Ik mag man (of vrouw) zijn in mijn gewone dagelijkse doen en me daar lichamelijk fijn bij voelen, ervan genieten, er deugd aan hebben.

Door deze omschrijving mag het duidelijk worden dat seksualiteit veel omvattender is dan genitaliteit en de seksueel-genitale betrokkenheid tussen een man en een vrouw. Genitale beleving is slechts een onderdeel van het zó-zijn, van het totale lichamelijke veld.

Laten we elkaar niet misverstaan : men zou me kunnen verwijten dat ik seksualiteit beperk tot lichamelijkheid of lichaamsbeleving. Dit zou inderdaad een erg eenzijdige, verengde en materialistische opvatting zijn.

Mijn seksualiteit wordt immers niet uitsluitend bepaald door mijn man of vrouw zijn. Er zijn tal van andere factoren : mijn morele normen, de cultuur en gemeenschap waarin ik leef, mijn opvoeding, mijn omgeving, mijn geloof, mijn levensverhaal en ervaring, ziekte en gezondheid, welvaart en welzijn, de gekregen en bewuste kansen, mijn partner en medemensen, mijn alleen-zijn, enz.

Zij bepalen hoe ik mij in mijn lichaam mag thuisvoelen, wat ik ermee kan en mag beleven, hoe ik mij moet, wil en kan gedragen. M.a.w. seksualiteit is mijn manier van *aanwezigheid,* nl. met alles wat ik ben en heb, mijn hele hebben en houen, *als man (of vrouw).*

Ik kan daar niet buiten. Zo besta ik. In alles wat ik denk, voel, doe, bezig ben... ben ik seksueel, nl. ben ik wat ik ben : man of vrouw. Natuurlijk stel ik niet telkens een genitale daad.

Natuurlijk ben ik niet voortdurend bewust dat ik seksueel ben. Juist omdat ik zó ben, is het iets vanzelfsprekend, iets van mezelf. Ik ben het automatisch (soms ook niet, soms stamelend, hortend, mezelf vreemd), spelenderwijze.

Natuurlijk dragen bepaalde dingen, ontmoetingen, daden duidelijker accenten naar bewuste lichaamsbeleving. Zij liggen korter bij of in het onmiddellijke lichamelijke veld.

Zo is de genitale beleving onmiddellijk en sterk verbonden aan de lichaamsbeleving. Ten onrechte verwierf ze zo het monopolie op de lichamelijkheid, werden haar vormen overgeaccentueerd en andere vormen ondergewaardeerd. Elk taboe ontstaat trouwens op een gelijkaardige manier.

Echte seksualiteit zal opnieuw oog hebben en ruimte scheppen voor een breed spectrum van lichamelijke 'aanwezigheid'. Het zal er voortaan niet meer op aan komen meer coïtushoudingen en standjes te kennen, maar te zoeken naar allerhande vormen van kwalitatieve attentvolle aanwezigheid.

Juist deze opvatting van seksualiteit zal enorm belangrijk blijken voor de tederheid. Want er kan slechts sprake zijn van tederheid wanneer er veel meer aanwezig is dan de louter genitale betrokkenheid. Deze hoeft niet eens aanwezig te zijn in bepaalde tederheidsvormen. Seksualiteitsbeleving is zo lang in de taboesfeer gebleven, en het begrip seksualiteit is zo leeggehaald, verschraald en lange tijd als gevaarlijk aangezien, omdat men seksualiteit verengd heeft tot genitaliteit.

Seksualiteit is niet identiek met genitaliteit

De meeste mensen gebruiken het woord 'seksualiteit' als ze 'genitaliteit' bedoelen. De meeste seksuele voorlichting is slechts genitale voorlichting. Met seksuele omgang bedoelt men genitaal geslachtsverkeer. Wat een verenging van gezichtshoek, wat een stereotiepe taaie verstarring ! En zijn stereotypie en verenging niet precies twee kenmerken van pathologie ? De huidige seksualiteitsbeleving is ongetwijfeld flink op weg om pathologisch te worden.

Laten we eens een leuk rekensommetje maken.

Indien we in procenten omzetten hoeveel uren man en vrouw met elkaar genitaal bezig zijn — zij mogen hierbij de rustige en fijne tijd nemen om op elkaar in te spelen in een stoeiend voorspel, een innige gemeenschap te hebben en teder liefkozend hun gelukkig samenzijn langzaam te laten wegebben — en dit vergelijken met hun gewone samenzijn, dan is deze verhouding, geteld over hun totale leven, hooguit 1 tegen 99.

Hun dagelijks bij elkaar zijn is onvergelijkelijk belangrijker in tijd. M.a.w. hun seksualiteit tijdens de 99 % is van onschatbare waarde voor de 1 %. Waarom investeren we in onze maatschappij dan zoveel aandacht en energie aan dit minieme procent en zo weinig aan de maximale rest ? Ik zou dus, paradoxaal misschien, willen beklemtonen dat soep koken, het gazon rollen, samen winkelen, de dagelijkse zorg om de kinderen, rustig een boek lezen, een avondconcertje, vrienden op bezoek enz. veel belangrijker zijn voor de seksualiteitsbeleving dan het samen-naar-bed. Ook al is dit laatste wellicht datgene wat de soep pikanter, het concert melodieuzer en de zorg om de kinderen draaglijker maakt. Het is een grandioze illusie te menen dat seksuele vorming genoeg heeft aan een aantal lessen genitale voorlichting. Het volstaat echt niet om te weten hoe het dekseltje op het potje past en veel dekseltjes te kennen en veel potjes. Dit is denken vanuit het oude patroon, nl. de coïtale seksualiteit.

Seksualiteitsvorming zal zijn de zeer persoonlijke wijze waarop men als *jongen of meisje, man of vrouw* in deze wereld aanwezig wil zijn, welke relaties men wil en kan leggen met welke accenten :

of ik me meer thuis voel en verbonden met dingen,

of me veilig en geborgen weet bij mezelf,

of ik me wil verbinden met een andere of anderen,

of ik me laat boeien en dragen door de Andere.

Mijn lichaam speelt in deze relaties een mindere of belangrijkere rol. Dat kies ik zelf. Ik kies zelf hoe ik dit aspect van mijn lichamelijkheid, dat men genitaliteit noemt, in rekening wil brengen. Het zal mede bepalen in welke levensvorm ik wens te leven : als alleenstaande, met een partner, in vriendschap, in gemeenschap, als celibatair, als godgewijde.

De eden die Emble en Rosetta elkaar, na hun omhelzing, zweren :

Als je bloost zal ik golfbrekers bouwen.
Wil je rust, ik ruim je bureau op.
Als je klaagt zal ik kapen beklimmen.
Ben je ziek, dan zit ik aan je zij.

Als je pruilt, zal ik percelen afpalen.
Schaam je je, ik maak je schoenen schoon.
Als je lacht zal ik landen verlossen.
Ben je down, dan bedenk ik een deuntje.
Als je ontstemd bent, zal ik steden bestormen.
Heb je pech, dan pers ik je pak.
Als je zingt, zal ik zielen zaligmaken.
Huil je van pijn, dan houd ik je hand vast.
Als je zonnig bent, verzamel ik zilver.
Ben je bang, dan bak ik je brood.
Als je vertelt zal ik treknetten opsporen.
Ben je geprikkeld, dan pak ik je pijp.
Als je iets vraagt zal ik veldslagen voeren.
Ben je boos, ik borstel je broek af.
Als je vrolijk bent zal ik braakland bevruchten.
Verveel je je, ik bevochtig je voorhoofd.

W.H. Auden

4. De wereld van het genieten bloeit open

Pijlsnel is uit arbeid en produktie een wereld van vrije tijd en genieten als een vuurpijl omhooggeschoten. In de meest fantastische, uitspattende, verbluffende kleuren. Dit moderne denken is reeds in de 'way of life' ingebouwd : men hecht evenveel belang aan het recht op vrije tijd als aan het recht op arbeid. Produktie had noodzakelijk consumptie tot gevolg. Men dacht dat deze markt onverzadigbaar was. Men produceerde niet meer om in de essentiële behoeften te voldoen, maar om een droomwereld te scheppen van luxe en comfort.

Er ontstonden heel nieuwe beroepen : behoeftenmakers, reclametechnici, marktontwerpers... Zij verstaan de kunst om in te spelen op de verlangens van de mensen, zowel de verborgen als de verwoorde. Zo ontwierpen zij een perpetuum mobile. Er mág geen einde komen aan die voortschrijdende kolos, of hij stort als een lemen reus van zijn voetstuk : het bankroet van een valse droom, een fatale impasse.

In de laatste 25 jaar hebben wij meer uitgevonden dan in alle vorige eeuwen samen. Het heeft de wereld een dronken euforisch gevoel gegeven. Het heil hebben we vanuit die kant verwacht : de mens gelukkig maken door een wereld te creëren waarin alles voorhanden zou zijn wat elke denkbare behoefte zou bevredigen. Gespecialiseerde, meer en meer geraffineerde wetenschappen zouden voor alles een oplossing weten. Er werden nieuwe goden gegoten en aanbeden : luxe en comfort.

Niet altijd is hierbij prioriteit toegekend aan de kwaliteit boven de kwantiteit, aan welzijn boven welvaart. Als kleine kinderen hebben we ons laten verleiden door de 'grote hoop', de massaproduktie. Dat gaf een gevoel van macht.

De weg terug schijnt bijzonder moeilijk, omdat we dansend rond het gouden kalf geproefd hebben van de extase van wat ons buiten onszelf heeft bedwelmd. De vervreemding van onszelf trachten we te verdoezelen door steeds nieuwe dingen.

Een lawine van nooit beleefde gevoelens, nooit vermoede mogelijkheden, overspoelde ons. Consumeren werd een verslaving, een drug. Al maar zuchtiger gingen we profiteren, tot in de verkwisting toe. Er was (op sommige plaatsen van onze wereldbol) zoveel voorhanden, dat zelfs onze grofste gulzigheid de bergen overschot niet kon doen slinken.

We werden een stock-economie, een wegwerpcultuur, blufferige rijkeluiskinderen die schraperig met hun teveel geen blijf wisten. Inntussen lopen we weg van onze meest rijke en diepe ervaringen en te pletter in die luxe en comfort.

Genieten is hier verengd tot profiteren.

Een rijkmenselijke kwaliteit is verwrongen tot verschraalde zuchtigheid. Men heeft vrijheid willen kopen met *hebben,* zonder echter vrij te *zijn.*

Maar kon het anders ?
Want met de droom van het paradijs
was elk genieten meeverbannen.
Genieten was een verbannen woord
'dat sinds de geschiedenis van de appelbeet
in een kwade roep heeft gestaan.
Was het niet altijd en overal ronduit zondig,
het was tenminste gevaarlijk.
Je kon er dan ook maar het best uit de buurt van blijven.
Af en toe was genot niet te vermijden
en dan bleef het geraden er niet teveel aandacht aan te besteden.
Oogluikend werd het 'toegestaan'.
Kortom, in het goed omwalde huis,
waar Deugd en Plicht als voorname princessen
feestelijk werden binnengehaald,
mocht Genot al heel blij zijn de rol van Assepoester
toegewezen te krijgen'.

P. Vanderghote

Genieten was een schuttingswoord,
dat duidde op onvolwassen egoïsme,
een overtrokken bezig-zijn met zichzelf.
Het waren dingen die stiekem deugd deden
met een achterafse kater vol schuldgevoel,
maar met de smaak naar nog.
Genieten was een verboden lokkend neonlicht,
een hekserig 'spiegeltje spiegeltje aan de wand',

het wachtwoord van de duivel zelf.
Plicht,
werkzaamheid,
volkomen zelfvergetelheid,
zichzelf wegcijferen, wegvlakken,
een pelikaan die haar jongen voedt met eigen bloed.
Deugd kon alleen zijn
wat geen deugd deed.
Wat genoegen deed, was reeds teveel, méér dan genoeg.
Vanuit die opvoeding stammen wij.
Het zit ons ingebakken, die leuzen.
Genieten kunnen wij (nog) niet genieten.
Wie heeft het ons geleerd ?
Wie leeft het ons vóór, menselijk harmonieus ?
Ik kom vanuit een tijd
waarin ik mijn gevoelens niet mocht uiten :
zelfbeheersing was de wet.
Ik kom vanuit een tijd
waarin ik niet argeloos en onbeschroomd mocht genieten :
plicht ging voor alles.
En plots slaat die wereld om,
slaat het ritme teugelloos op hol.
Alles rondom nodigt uit om te pakken,
het grijpt me aan
en ik grijp het aan : onontkoombare kringloop.
Ik word van uiterst rechts naar uiterst links gezwierd,
uit mijn balans, extreem, onherkenbaar.
Zó heb ik evenmin voeling met de dingen.
Vroeger kon het niet omdat het niet mocht.
Nu kan het niet omdat geen enkele relatie duurzaam is.
Mijn genieten is een leeghalen, een uitputten.
Ik heb iets nauwelijks in handen
of ik werp het weg, grijp al naar het andere.
Het is een voortdurend wisselend beslag-leggen-op :
ik het ding, het ding mij.
Geen wederkerigheid, maar invretend op elkaar.
Bezit en bezetenheid.
Zo zijn we gevoelens gaan consumeren.

We speelden geestelijke strip-tease,
profiteerden van eigen en andermans kwetsbaarheid.
Zo zijn we seksualiteit gaan consumeren.

„We zijn van het puritanisme overgegaan op een ongelooflijke uitbarsting van wellust en pornografie. Je verandert puriteinen niet in gelukkige, vrije, liefhebbende mensen door ze uit te kleden."

Margaret Mead

Genieten is nochtans een levensnoodzakelijke bestaansvoorwaarde. Het is maar al te waar wat Piet Nijs zegt : „De stroom van mijn relaties loopt parallel met de stroom van mijn genieten".
Het is een conditionele wederkerigheid. Loopt het mis met het een, dan heeft dit onmiddellijk zijn weerslag op het andere, en vice versa. Het gaat inderdaad niet zo best met de kwaliteit van de menselijke relaties, omdat de mens nooit geleerd heeft op een verantwoorde gewetensvolle manier te genieten. Zijn genieten is steeds onvrij geweest, bevoogd, vervreemd. Ofwel was het een morele bevoogding, waarin vooral angst en schuldgevoelens heersten, ofwel was het een maatschappelijke psychische beïnvloeding die uitmondde in roekeloze overmoed.

De vroegere angst en de huidige roekeloze overmoed kennen geen van beide de kunst van het genieten. Genieten kan men pas als er een hechte wederzijdse relatie is gegroeid en opengebloeid tussen mij en het andere, mij en mezelf, mij en de andere(n), mij en de Andere. Het is omgang op voet van gelijkwaardigheid, eerbied, schroom. Genieten grijpt niet, maar begrijpt.
Het is in-leven, kennen met het hart. Het is tijd.
Het is dankbaarheid om het eigen wezen van iets of iemand, dat mij gratis als een geschenk of genade in de schoot valt.
Tederheid is de noodzakelijke onderbouw voor dit genieten. Genieten is de vrucht van tederheid. Het heeft niets te maken met het moderne hedonisme. Hedonisme doodt elke relatie, het maakt kapot, vreet die aan tot in de wortel zelf. Uiteindelijk laat het de mens vereenzaamd, leeg achter. Het is bedreigend.
Echt genieten verrijkt. Het omringt de mens met vertrouwvolle dingen en medemensen. Het is het tegendeel van 'gevaarlijk', nl.

45

Een Hedonist jaagt egoïstisch het genot na, zonder rekening te houden met de andere het geeft veiligheid en geborgenheid.

Tederheid, deze kunst van omgang, is de open poort naar echt genieten. Nu we valse volwassenheid hebben ontmaskerd,
gevoelens als nieuwe creatieve krachten mogen beleven,
het man en vrouw zijn mogen vertalen in een eigen lichaamsbeleving, nu wordt ons een diepmenselijke kans gegeven om gelukkig
te zijn, te genieten van ons bestaan.

Die kans is tederheid, kwaliteit van aanwezigheid.

Hij die niets kent, heeft niets lief.
Hij die niets kan, begrijpt niets.
Hij die niets begrijpt, heeft geen waarden.
Maar hij die begrijpt heeft ook lief, neemt waar, schouwt...
Hoe meer iets gekend wordt, des te groter liefde
Eenieder die zich verbeeldt dat alle vruchten
terzelfdertijd tot rijping komen als de aardbeien,
weet niets van druiven.

Paracelsus

Nee, er gebeuren geen wonderen, maar de dag
gaat fluitend aan het werk, de middag draagt
een stevige kuif van licht, de avond meert
als een boot vol zwarte kinderen. De regen
lispelt in de poriën van de aarde,
de hagel slaat met glazen zwepen, de sneeuw
verschijnt als een witte begrafenis. Er lopen
dieren rond met halzen tot in de bomen.
Er zwemmen vissen waarin men wonen kan.
Vogels zonder ogen zingen helder
als water in augustus. Woorden schieten
kuit in een gedicht. En altijd draait
de ochtend uit op nacht, vreugde op droefheid,
leven op dood. Geloof niet in wonderen.
Geloof in de man die met onverbloemde handen
een bed van liefde spreidt; in de vrouw die een zon
voelt opgaan in haar schoot; in het kind dat als
een oester slaapt in zijn waterhuis; geloof in
een onherroepelijk leven en leef het zo.

Bert Voeten

II. tederheid: kwaliteit van aanwezigheid

als de muzikant
de klank
als de klank
de kleur
als de kleur
de ruimte
als de ruimte
de danser
als de danser
het lichaam
als het lichaam
de adem
als de adem
het instrument
als het instrument
de muzikant
o wij zullen elkander liefhebben
een kwartet stemmen
dat de duisternis beeldhouwt
tot een ontzettend licht.

Lizzy Sara May

Inleiding

'... Tederheid. Een van die zachte krachten die als een komeet is verschenen aan de nachthemel van het nieuwe 'mensbeeld'. Wachtwoord dat toegang geeft tot een wereld in zachte pasteltinten. Nieuw cultuurfenomeen dat her en der bijna tot een cultus wordt verheven. Reactie tegen een eenzijdig stoer, mannelijk opvoedingsideaal. Tegen een civilisatie van doen en presteren en 'struggle for life'. Bloemen tegen beton. Verkleinwoordjes. Lessen in lief zijn. Cursussen en sessies om de miskende en verwaarloosde dimensies van lichamelijkheid en sensitiviteit te exploreren.

Tijdens de voorbije maanden hebben de media nostalgieke herinneringen opgehaald aan de mythische meidagen van 1968. Toen werd de droom gedroomd van een snelle culturele revolutie, waaruit een nieuwe maatschappij zou ontstaan. In universiteitssteden overal ter wereld stapten jongeren op naar de lichtende dageraad van een andere, een bevrijdende en broederlijke menselijkheid. Die droom is uitgedroomd. De realiteit was weerbarstiger dan men had gedacht, de oude structuren bleken taaier dan de jonge droom. Toen de ademvoorraad allang was opgebruikt, zag de weg naar de maatschappijvernieuwing er nog altijd even lang en uitzichtloos uit. De nieuwe generatie trok zich terug, op een eiland, en liet de zondvloed daarbuiten verder woeden. Ook dat is tederheid : een wijkplaats na de ontnuchtering. Het cultiveren van korte en kortstondige relaties nam de plaats in van de „lange weg door de instituties" (P. Ricoeur).

Over die tederheid willen we hier enkele vragen stellen. Over haar waarheid en haar begrensdheid. Op zoek naar een bevrijdend perspectief voor een ontnuchterende generatie...'

Fr. Cromphout, 'Voorbij de tederheid'. In : De Nieuwe Boodschap, 105 jg., juli-aug. 78, blz. 181.

Dit is niet de tederheid waarover wij het willen hebben in dit boek.
Niet een wijkplaats, maar een ontmoetingskans.
Niet weekheid, maar zachte kracht.
Niet een moderne cultus, maar nieuwe cultuur.
Niet louter een anti-ideaal, maar gegronde levenshouding.

Niet hortstondige flirt-relaties, maar een 'lange weg' van groei.

Het is waar dat een bepaald soort 'tederheid' als een komeet aan de nieuwe wereldhorizon is verschenen. Hoe jammer dat men een dergelijk 'vol' woord ontledigd heeft, verschraald en verschrompeld. We moeten inderdaad 'voorbij *die* tederheid'. Of beter : we moeten tederheid weer haar oorspronkelijke sterkte geven, vastheid, kracht. Onze stoere mannen-cultuur heeft tederheid altijd uitgebannen als vrouwelijk, flauw, kwetsbaar, vergankeijk. Laten we niet al te vug 'voorbij de tederheid' willen, want wij zijn er niet eens aan toe.

Wij wilden onkwetsbaar zijn, viriel, onbewogen. Wij willen de tijd trotseren en hebben de toekomst altijd belangrijker gevonden dan de harmonie van het verleden, nu en later. Het was een trotse harde tijd zonder plaats voor zachte krachten, zachte waarden, zachte mensen. Maar heel, heel veel mensen voelen zich niet meer geborgen in die wereld. Zij hunkeren naar warmte — niet de kortstondige troost van streling, zoen, huid op huid, maar duurzame aanwezigheid, langzaam gegroeide verbondenheid : tederheid gewapend met geduld en trouw, vrucht van eenvoudige dagelijkse gebaren, aaneenschakeling van simpele daden.

Waarom zou uitstappen uit die harde werkelijkheid noodzakelijk een vlucht betekenen ? Waarom zou die droom uitgedroomd zijn ? Is deze wereld onontkoombaar een tranendal en een worsteling met de weerbarstige werkelijkheid ?

Elke exodus lijkt een onmogelijke droom. Men wordt teruggedreven naar de vleespotten van Egypte, want alternatieven zoeken en beleven is : met een kleine rest de woestijn intrekken op zoek naar het beloofde land, gelovend in de belofte en verbondenheid.

Misschien wordt het de hoogste tijd dat wij onze wereld minder laten rijpen door de daad, minder door een verzekerde toekomst, maar door geloof in Aanwezigheid.

Wij moeten niet teder zijn voor elkaar omdat 'het leven een onduldbare pijn is', maar omdat we geloven en zien 'dat alles goed is'.

De zachte krachten zullen zeker winnen
in 't eind — dit hoor ik als een innig fluistren
in mij : zo 't zweeg zou alle licht verduistren,
alle warmte zou verstarren van binnen.

De machten die de liefde nog omkluistren
zal zij, allengs voortschrijdend, overwinnen,
dan kan de grote zaligheid beginnen
die w'als onze harten aandachtig luistren

in alle tederheden ruisen horen
als in kleine schelpen de grote zee.
Liefde is de zin van 't leven der planeten
en mense' en diere'. Er is neits wat kan storen
't stijgen tot haar. Dit is het zeekre weten :
naar volmaakte Liefde stijgt alles mee.

Henriette Roland Holst - van der Schalk

1. Over de woorden struikelen

Ieder schrijver bepaalt vrij welke inhoud hij een woord wil geven en hoe hij er verder mee omgaat. Zolang bepaalde dingen of ervaringen probleemloos zijn, is ook hun woordgebruik onbevraagd. Maar zo gauw deze ervaringen niet meer vanzelfsprekend zijn en vragen oproepen, gaat men woorden herbronnen, opnieuw vullen met betekenis, duiden, interpreteren.

Tederheid is zo'n ont-laden, onledigd woord, dat nu weer beladen wordt. Het hangt in de lucht. Het is een levende vraag.

Eigenlijk komt het niet op het woord zelf aan. Maar mensen willen zich in hun beleving herkennen. Door allerlei factoren en omstandigheden is men zich langzaam of plots bewust dat men dingen anders is gaan beleven of wil beleven. Men wil dit onder woorden brengen om het met anderen te toetsen en erover van gedachten te wisselen. Dan worden woorden wel belangrijk. Niet alleen de verbale uitdrukking wordt hernieuwd, maar tegelijkertijd zoekt ervaring ook naar andere nieuwe expressievormen.

Zo geniet tederheid momenteel een vernieuwde verbale interesse : men is het woord weer gaan opdiepen en uitdiepen. Het ligt op de lippen. Maar er gebeurt meer dan dat : er is ruimte vrij gekomen om tederheid anders te 'gebaren', vorm te geven, te uit-en. Waar het vroeger eerder een intieme introverte beleving was, is zij nu in de openbaarheid gekomen, besproken, bevrijd, beoefend, gevrijd. Zij is extravert geworden. Woorden zijn in beweging zodra belevingen bewegen.

Zij blijven vaag zolang zij onbelangrijk lijken of voor louter privé-gebruik. Men riskeert echter over woorden te struikelen, als men niet tracht duidelijk te omschrijven wat de eigen ervaring is, waarin men zich het best herkent, en dit confronteert met anderen.

Zich afzetten tegen andere meningen wil dan geen betweterij zijn of een steriel bekvechten, maar het zijn dankbare gesprekspartners om de eigen ideeën te kunnen ver-klaren.

Wij willen eerst en vooral het woord 'tederheid' ontdoen van een aantal negatieve eigenschappen. Dit zal ons gaandeweg veroorloven een eigen bepaling te geven van tederheid.

'...Tederheid is typisch een moment-ervaring. Ze heeft altijd iets vluchtigs en vluchtends, iets ongrijpbaars. Niet toevallig wordt tederheid vaak in verband gebracht met de vergankelijkheid en kwetsbaarheid van het bestaan, met het prille en jeugdige, dat in wezen voorbijgaand is. Ze is evenzo vergankelijk en voorbijgaand als de dingen waarover ze zich vertedert. Wij vertederen ons over bloesems. Maar van de vrucht leven wij. Daarmee is de waarde en de aantrekkelijkheid, maar tevens ook de beperktheid van de tederheid aangeduid. Aan het moment ontsprongen en gevoed, met het moment vergaand, is ze weerloos tegenover de tijd. Zoals alle moment-ervaringen laat ze, eenmaal voorbij, een leegte na, die dan weer met een nieuwe moment-ervaring gevuld wil worden. Zo komt ze in een kringloop terecht, in het mechanisme van wat in het Duits 'Sucht' heet (in onze taal is dezelfde wortel herkenbaar in de uitgang van woorden als heb-zucht, ik-zucht, drank-zucht) : onstilbare behoefte, die tot verslaving kan leiden. Zou de huidige cultus van de tederheid niet ook iets te maken hebben met onze vrees voor de toekomst ? Wij vluchten in een artificieel 'nu'. Wij proberen — vruchteloos — de tijd te vergeten, die eeuwige vijand. Wij zonnen ons aan het ogenblik. Maar de tijd moet niet vergeten worden, wel overmeesterd. Alleen zo vinden levensprojecten en menselijke relaties enige duurzaamheid. Alleen dan kan een 'ja' vandaag ook worden tot een 'ja' voor morgen, tot een 'ja' voor het leven. Het is tekenend dat zovelen vandaag twijfelen aan de mogelijkheid daarvan. Maar is dat, ten langen leste, geen vertwijfeling aan het mens-zijn zelf ? Gaat het leven dan niet uiteenvallen in losse momenten, zonder samenhang, zonder gerichtheid of zin ?...'

Fr. Cromphout, o.c., p. 183-184.

Er bestaat ontegensprekelijk vlinderende tederheid, zo onbestendig vluchtig, momenteel. Een zuchtig jagen naar ervaringen, een eindeloos vullen van een bodemloze put.
Maar is dit soort tederheid niet slechts de buitenkant, het oppervlakkige aftasten van de werkelijkheid ? Elke ervaring kan inderdaad beperkt blijven tot het uiterlijke moment. Men kan wei-

geren verder in te dringen, bewogen te worden, betrokken en verbonden te zijn. Echte tederheid is typisch een lange groei-ervaring. Consumerende tederheid is typisch een moment-ervaring.

Leven wij werkelijk alleen van de vrucht en niet evenzeer van de bloesems ? Is tederheid alleen maar de aantrekkelijke, verlokkende, misleidende buitenkant voor zoemende bijtjes ? Elke vrucht is even vergankelijk als haar bloesems. Geen bloesem, geen vrucht. Duurzame ervaring is slechts vrucht van getoetste momentervaringen die waardevol genoeg bleken om duurzaam te zijn. Bij vlinderende tederheid verwart men vluchtige streling met het zoeken van het wezenlijke, ogen-blikkelijke beroering met duurzame overgave, frêle broosheid met weerbaarheid, extase met éénwording.

Vlinderende tederheid legt geen of nauwelijks een relatie, ze ontvlucht deze omdat ze niet wil binden of verbonden zijn. Echte tederheid daarentegen zoekt precies hoe de eigenheid van het andere, zichzelf en de andere(n) te bevestigen.

Vluchtige tederheid is niet bestand tegen de tijd, de slijtage, de alledaagsheid. Het is haar wezen de tijd te doden. Echte tederheid schept juist tijd, omdat zij op een intense manier, geduldig en trouw aanwezig wil zijn : zij is dus uiteraard duurzaam.

Tederheid is roze verbeelding en broze teerheid

Soms groeien woorden uit elkaar. Ook al komen ze uit eenzelfde stam, toch zijn hun betekenissen vervreemd en niet meer uitwisselbaar. Vertedering is het gevoel, de bewogenheid die in mij ontstaan door het zien, de blik, de teerheid, het fragiele, mooie, tedere van iets of iemand. Het overvalt me. Het is een beweging die vlug en vluchtig aanwast en weer wegebt. Het behoeft geen wederkerigheid. Het kan louter eenrichtig zijn.

Het werkwoord vertederen is niet meer de gangmaker van tederheid. Het heeft andere bijtonen gekregen.

Ton Lemaire geeft een aantal bevoorrechte vindplaatsen van vertedering :

- Ons vertedert op de eerste plaats alles wat door zijn aard fragiel, kwetsbaar is : het kleine kind, de weerloze medemens, het 'gevoelige hart', een slapend mens. Al wat teer is, heeft het vermogen ons teder te stemmen. Tederheid en teerheid worden in de dagelijkse taal ten nauwste met elkaar verbonden en vaak door elkaar gebruikt.

- Bovendien worden wij vertederd door wat klein is, geringe afmetingen heeft. Alles wat klein is, heeft in beginsel het vermogen onze tederheid gaande te maken : een kind, een klein dier, een tenger mens. Men spreekt ook van 'een klein hartje'.

- Ons vertedert eveneens alles wat puur is, gaaf en ongerept. De puurheid van een kind, de ongereptheid van een meisje, de gaafheid van een waargenomen geluk of van een wezen dat slaapt : dit alles is in staat ons te verzachten.

- Tenslotte, constateren we, is ook alles wat mooi is, aanleiding tot vertedering. Een zonsondergang, het eerste groen van de bomen, het gelaat van een geliefd mens, de volmaaktheid van een kunstwerk : het zijn evenzovele wijzen waarop de schoonheid ons ontroert.

Ton Lemaire. 'De Tederheid', Ambo, Baarn, 1968, blz. 12-13.

Vertedering houdt in onze cultuur een vrij eigenaardige ingesteldheid in : iemand die zich normaal sterk houdt of hard, wat onbewogen en uiterlijk ongevoelig, voelt plots warmte opborrelen en laat dit even toe. Maar het blijft afstandelijk, hoogstens een aai door een krullebol, een handkus of een steelse zoen, de behoefte iets of iemand te behoeden, te beschermen, gentleman te zijn. Het is een verhouding van meerdere naar mindere, van sterkere naar zwakkere. Ze culmineert dan ook in de houding tegenover kinderen en vrouwen.

'...Het valt op, dat deze vier opgesomde aspecten die ons kunnen vertederen, niet los van elkaar staan. Wat klein is, is meestal ook kwetsbaar; wat puur is, is teer en mooi; wat mooi is, is puur en fragiel. Er is een bestaanswijze, die alle vier vertederende factoren in zich schijnt te verenigen : die van het kind. Het kind is kwetsbaar, klein en ongerept tegelijk, en daarom is het ook schoon. Als er een categorie wezens bestaat die uiteraard en het meest vertederen, dan zijn dat niet de volwassenen, maar de kinderen. Een vers van Achterberg drukt dit weergaloos uit :

„Terwijl we het niet laten blijken

dat werelden in ons bezwijken kijkt het kind ons aan".

Er is nog een andere categorie, die van nature schijnt te vertederen — tenminste voor de man — die van de vrouwen. Daarbij vertedert het jonge meisje meer dan de volwassen vrouw; de 'vrouwelijke' vrouw meer dan de 'mannelijke'. Het kind en de vrouw schijnen — voor de man — gestalten te zijn, die al het vertederende in zich belichamen : het tere, het tengere, het pure en het schone...'

Ton Lemaire, o.c., p. 13-14.

Voor onze bepaling kan vertedering slechts een mogelijk moment zijn in het veel omvattender gebied van de tederheid.

Vertedering duidt eerder op een gevoelsmoment, voorbijgaand. Tederheid is een duurzamere zijnswijze, nl. mijn kwaliteit van aanwezigheid.

Er is veel meer nodig dan alleen maar vertedering om tot een tederheidsrelatie te komen, ook al zullen veel momenten van vertedering bijdragen tot de groei, de versteviging en de duurzaamheid van tederheid.

Teerheid en tederheid worden volkomen ten onrechte door en voor mekaar gebruikt. Eigenlijk zijn ze totaal verschillend. Alleen wie slecht zijn taal beheerst, kan deze woorden ondoordacht vermengen. Teer duidt op broos, fragiel, breekbaar, kwetsbaar, zwak, teergevoelig, vergankelijk. Het vraagt voorzichtige omgang, behoedzaamheid, een zachte hand. Het hoeft zelf daarom niet zacht te zijn. Het is een kwestie van structuur, opbouw, b.v. een tere constructie, tere kleuren, een tere relatie, een tere jongen, een tere gezondheid enz. Het zijn dus allemaal dingen die gemakkelijk of vlug ver-teren, stuk gaan, verwelken of op de grens liggen van duurzaamheid en vergankelijkheid. Teer kan natuurlijk, buiten zijn uitwendige kenmerken, ook in zijn verinwendigde betekenis gebruikt worden, maar dan nog blijft het zijn oorspronkelijke zin van broos, doorzichtig, licht, subtiel bewaren.

Kinderen en vrouwen geeft men in onze cultuur ten onrechte het kenmerk 'teer'. Zij zijn het zwakke geslacht, kwetsbaar, wispelturig, onvast.

Omdat men in die cultuur tederheid vooral toeschreef aan kinderen en vrouwen (als ontvangers vooral, bijna constitutioneel) en omdat men als symbolen van tederheid dikwijls tere dingen gebruikt (b.v. bloemen), is men ten onrechte het een met het ander gaan identificeren. Daarbij kwamen dan nog bepaalde morele kwalificaties als onschuldig, gaaf, maagdelijk.

Tederheid deed het hart week worden. Midden in deze harde wereld overviel een plotselinge zachtheid de vertederde. Men voelde zich wankelen : een tere, kwetsbare, afhankelijke positie. Of de sterke man voelde in zijn tederheid dat hij het zwakke 'tere' moest beschermen. Dergelijke tederheid (nl. zich verantwoordelijk weten voor het tere) is slechts een aspect van echte tederheid.

Echte tederheid kan evengoed zijn
een gevecht als een streling,
gedeelde pijn als innigheid,
naam zoeken als heten,
hunkering als bezit,
weerbaarheid als kwetsbaarheid.

Echte tederheid
is geen vluchtige zwakheid,
geen onbeheerst ondoordacht moment,
geen weke plek in de dagelijkse afscherming,
geen zachte zalf op een onstilbare pijn,
geen gesloten oase is een verzengende woestijn.

Ze is aanwezigheid, ze is dwarsdoor,
kwaliteit, harmonie van aanwezigheid,
bij datgene, diegene waar het op aan komt.
Tederheid is geen vernauwende verblinding
maar helderziend
    klaarkijkend
    inlevend.
In plaats van teer is zij sterk
in plaats van wankel is zij stevig
in plaats van flauw is zij deugdelijk
in plaats van week is zij taai.

Tederheid wordt altijd in één adem genoemd met erotiek. Haar adem is de eros, zo schijnt het te zijn. Daar tederheid de kunst is van het aanraken of 'uitdrukking, als blik, als woord of als aanraking' (T. Lemaire, o.c., p. 22) is zij synoniem van eros.

De huid is bij uitnemendheid het orgaan van tederhcid, zij het grote vlakken of verborgen holten, uitgestulpte of ingestulpte huid, zij het zoenend, strelend, strengelend, indringend.

In de vroegere seksualiteitsbeleving was deze aanrakingstederheid van kapitaal belang.

„Het blijkt, dat een grotere genegenheid als vanzelf een voortschrijdende intimiteit met zich mee brengt : een elkaar steeds 'nader' worden. Deze toenemende nabijheid drukt zich uit als een geleidelijk completer aanraken en aangeraakt worden. Het verlangen naar intimiteit zoekt een zo groot mogelijk raakvlak met de ander, en vindt dit uiteindelijk in de coïtus.

De penis kan immers beschouwd worden als uitgestulpte huid, de vagina de hem ontvangende omvattende huid. Zo gezien verschijnt de coïtus als de culminatie van een voortschrijdend contact van twee epidermata, als de kortstondige voltooiing van de aanraking. De coïtus is de totale en volstrekte aanraking; het orgasme de wijze, waarop deze totale aanraking wordt beleefd" (o.c. p. 28).

Deze zinderende aanraking garandeert echter geenszins tederheid. Het totale gebeuren is wel erotisch. Er zijn de bekende gebaren, uitdrukking van blik, woord en aanraking; maar dit zegt nog niets over de kwaliteit van aanwezigheid.

Op consultatie ontmoette ik tal van mensen (voornamelijk vrouwen) die veel, téveel, coïtale en orgastische ervaringen hadden, maar nooit tederheid mochten ervaren van hun partner.

Ton Lemaire maakt terecht een onderscheid tussen 'erotische intimiteit die authentiek is, waarbij het geheel van aanrakingen uitdrukking is van een werkelijke genegenheid, en een die inauthentiek is of in engere zin seksueel'. Dit laatste mist 'zoiets als de tederheid als constitutief moment.' Onze samenleving is zeer erotiserend, maar weinig teder, precies omdat veel intimiteit oppervlakkig en inauthentiek is. Zowel haar blik, als woord en aanraking zijn beslagleggend. Ze ontkleden, zonder schroom. Zij grijpen, zonder eerbied. Zij dringen binnen, ongevraagd.

Eros is de kunst van het raken, in de zin van 'ik word in mijn wezen ge-raakt en ik ge-raak tot in het wezen van dit of deze andere,' zodat er ont-moeting mogelijk is.

Eros heeft enkel het lichaam als grootste raakvlak met de ander. En dit is belangrijk.

Maar tederheid is tegelijkertijd kwaliteit van in- én uitwendigheid. Het is veel meer dan eros, ook al vindt ze haar een bijzondere prettige gezellin. Veel seksuele partners moeten in onze tijd juist genezen van eros en seks, om de wereld van de tederheid te ontdekken (Zie hierover hoofdstuk 5). Teveel koppels hebben de grootste ontgoocheling in hun relatie opgelopen door een eenzijdige overdadige investering in het erotische samenzijn, zonder ooit beseft te hebben dat samen-zijn als partners een grotere kunst is dan seksuele prestatie, vitaliteit en acrobatie.

Uiteindelijk kan het niet (meer) bevredigen omdat men oververzadigd is. De communicatie is sterotiep geworden. Het zegt hun niets meer omdat ze elkaar niets meer te zeggen hebben, met huid en haar.

Waar tederheid begint
lossen woorden op in warmte.

Op het tapijt ligt
de poes languit en laat zich
aaien met dichte ogen.

Hoe zou zij anders spreken.
Woorden lossen niets op.

Ik wil met je praten
ook als ik niet wil praten
met meer dan ogen of vingers
onderhands en blind
als vertrouwen.

Jij betast mij als blindenschrift.
Ik lees je lippen.

Armand Van Assche

2. Tederheid : kwaliteit van aanwezigheid

Een sluitende bepaling geven van tederheid is niet gemakkelijk, gewoon omdat het één van die totaalbelevingen is, die zich niet laten omsluiten, rationeel insluiten. Dergelijke begrippen laten zich wel enigszins omschrijven, beetje bij beetje, met het onprettige gevoel telkens weer het essentiële en zeker haar totaliteit te missen. Een terechte vraag van de lezer zou bovendien kunnen zijn :
'Waarom een nieuw boek over tederheid als er al zo'n voortreffelijk, heerlijk werkje bestaat als dit van Ton Lemaire ?' Is het verouderd of is hij belangrijke dingen vergeten ?
Ton Lemaire heeft inderdaad bovenbest werk geleverd en zijn boek is een veel gelezen pareltje. Ik wil niets afdoen aan de waarde van wat hij geschreven heeft, vooral niet omdat hij vóór anderen profetisch gevoelig is geweest voor de tekenen en noden van de tijd.
Maar Ton Lemaire heeft dingen niet geschreven omdat hij zich heeft beperkt en vanuit een zeer bepaalde hoek tederheid heeft benaderd. Zo is hij bijzonder haastig overgestapt naar de tederheid tussen man en vrouw, en naar de klassieke tederheidsuitingen. Zonder het te willen wellicht heeft hij zeer sterk de klassieke opvatting bestendigd. Zijn fenomenologie over deze tederheidsbeleving is van blijvende waarde, maar jammer genoeg, naar mijn gevoel, is het een onvolledige.
Ik betwist zeer dat de verhouding man-vrouw uiteraard de hoogste tederheidsbeleving inhoudt. Het is één van de mogelijke belevingen die zeer intens kán zijn, dat wel. Ik voel mij niet zo gelukkig met zijn kijk op het benedenmenselijke (dingen, planten, dieren) en het menselijk nog onvolgroeide (kinderen,...).
De tederheid van Ton Lemaire is fundamenteel lichamelijke liefkozing die uiteindelijk culmineert in de coïtus. 'Volwassenheid' is bij hem essentieel. Tederheid is bij hem pas 'vol' van volwassene tot volwassene. Ik heb daardoor het gevoel dat in deze optie veel tederheid onbesproken blijft en veel mensen in de kou blijven staan. Voor mij zal het zwaartepunt liggen in de kwaliteit van de aanwezigheid. Dat kán een coïtus zijn, maar het kan ook het tedere verwijlen zijn bij een vriend, of de vlucht van een vogel, of de ro-

mantiek van een puber.

„Ik heb iets ontdekt waartoe de ogen óók nog in staat zijn. Ik heb ontdekt dat ik soms het meer van Silvaplana of dat van Sils met de ogen zou willen liefkozen : zoals je liefkozend met de vingers over zacht, fijn fluweel streelt, zo raken mijn ogen liefkozend het meeroppervlak aan, vanuit de verte dan... Als ik die meren zie vanaf een bepaalde hoogte en onder een bepaalde belichting, dan laat ik mijn ogen teder rusten op hun glanzende, van binnenuit lichtende oppervlak, dat boven een van licht vervulde diepte ligt. Een golf van tederheid doorstroomt mij dan."

(Peter Lippert)

In het eerste hoofdstuk heb ik uitvoerig gehandeld over bepaalde fundamentele constituanten van de tederheid.

Ik zou tederheid kunnen stellen aan de hand van enkele stellingen :
1. Elke mens, zij het kind of volwassene, jong of oud, homo- of heterofiel, alleenstaande of in gemeenschap, gehuwd of godgewijd, kan naar eigen mogelijkheden en beperktheden op de hem eigen wijze vol-wassen tederheid beleven. Zij is niet het exclusieve monopolie van de man-vrouw verhouding.
2. Tederheid veronderstelt ruimte voor en expressiemogelijkheid van alle aspecten van de mens. Het is zijn *totale* betrokkenheid en verbondenheid. Ontplooiing van de gevoelswereld was daarom een noodzaak, opdat tederheid zou kunnen gedijen. Maar het zou een vals denkbeeld zijn te menen dat tederheid een kwestie is van alleen maar gevoelens.

Met Fr. Cromphout zou ik willen benadrukken, dat „Elke ervaring de proef van de intellectualiteit moet doorstaan, wil zij menselijk verrijkend blijken en vruchtbaar worden voor de toekomst. Dat is geen pleidooi voor intellectualisme of rationalisme, die de mens exclusief vanuit verstand en rede definiëren en het affectieve, het intuïtieve en de fantasie verwaarlozen. Deze gezonde intellectualiteit, die de ervaring verheldert, situeert en hanteerbaar maakt binnen het totale levensproject mis ik pijnlijk in heel wat 'ervaringsgerichte' methodes, technieken en opvoedingssystemen." (o.c. p. 183)

Tederheid moet ook de proef van onze lichamelijkheid doorstaan : is wat mij fysisch deugd doet ook deugdelijk ?

Tederheid moet zich ook sociaal toetsen : wat is de kwaliteit van de gewonnen verbondenheid zowel individueel als voor de gemeenschap ?

Tederheid moet zich ook religieus bevragen : wat of wie draagt mijn bestaan en welke zijn de wortels van mijn verbondenheid ? M.a.w. tederheid veronderstelt de totale mens in zijn in- en uitwendige authenticiteit. Hij is aanwezig zoals hij is, naakt, van aangezicht tot aangezicht. Zij wil kennen, maar wil zich ook laten kennen.

3. Tederheid is de kwaliteit waarop ik als man of vrouw aanwezig ben. Het heeft dus essentieel te maken met mijn seksualiteitsbeleven, nl. mijn eigen unieke wijze van lichamelijk in de wereld zijn.

Zij geeft de kwaliteit weer van mijn relaties met dingen, mezelf, de andere(n), de Andere. Wij willen beklemtonen dat wij willen afstappen van een tederheid die onmiddellijk betrokken wordt op een enge seksualiteitsopvatting, nl. genitaliteit (zoals beschreven in hoofdstuk 1).

4. Tederheid is de kwaliteit van mijn aanwezigheid. Zij is een perfecte barometer voor mijn relatiebekwaamheid. Zo bepaalt ze in bijzondere mate mijn mogelijkheid van genieten. Ik zal slechts gelukkig zijn in de mate dat ik teder ben.

Voor Ton Lemaire is „tederheid *een* kwaliteit van de relatie van een mens met iets of iemand buiten hemzelf" (o.c. p. 12).

Dat is het wezenlijke verschil met onze omschrijving. Voor mij bepaalt tederheid juist *de* kwaliteit van mijn relaties. Bij hem is het niet meer dan een eigenschap van een bepaald soort gevoelsuitingen. Voor mij is het een wijze van zijn. Voor hem blijft het beperkt binnen de onderlinge menselijke relaties en bij voorkeur binnen de man-vrouw relatie. Voor mij strekt het zich uit over al mijn relaties (waarvan ik het resultaat telkens verrijkt inbreng voor mijn volgende relaties, b.v. tegenover mijn partner, een vriend, een landschap, een voorwerp enz.).

Tederheid is voor mij : *wederkerig bevestigende en waarderende aanwezigheid.*

Tederheid is de kwaliteit van mijn relaties met dingen, mezelf, andere(n), de Andere. Niet om het even welke kwaliteit. Ze is waar-derend. Ze weet waarden te vinden. Ze is er op uit, ligt op de loer, ze vindt haar plezier om het wezen van het andere en de andere te ontdekken en het in zijn eigenheid te bevestigen. Deze ontdekking is wederzijds bevestigend : het nieuw ontdekte verandert mezelf, verrijkt en bevestigt zo mijn eigen wezenheid. Hierdoor ontstaat een betrokkenheid. Ik voel me verbonden en verantwoordelijk. Mijn vraag naar de zin van het bestaan van de ander of het andere, roept in mezelf een antwoord wakker.

3. Da's fijn : het oriënteert me
Tederheid met dingen

Wellicht is er geen tijd in de geschiedenis waar men zo intens en zo verscheiden bezig is geweest met 'dingen' als de onze. Er lijkt geen einde te komen aan de stroom van steeds maar nieuwe dingen. Het is een onloochenbaar hoge creativiteit.

Men zou dan ook kunnen verwachten dat de moderne mens een goede verhouding heeft met zijn materiële omgeving. Paradoxaal genoeg is dit niet zo. Meer en meer bekruipt hem de angst voor een wereld die bedreigend wordt. Het is alsof de mens in zijn verhouding met de dingen een reeks kapitale fouten heeft gemaakt. Hij heeft kortzichtig en vanuit puur eigenbelang het wezenlijke van de relatie mens-dingen stuk gemaakt. Hooghartig als een beheerser en bezitter heeft hij de dingen rondom zich gedegradeerd tot 'maar dingen', tot het beneden-menselijke. Hij heeft er het uiterste uitgehaald. Zijn relatie is niet een gelukkig omgaan en waarderen. Hij zei niet : „Da's fijn", maar „Da's bruikbaar, dat brengt op". Zo haalt de mens de wereld leeg en maakt hij haar onherkenbaar eender, één grote industriezone met daarnaast één groot consumptielunapark.

Hoe bedreigend deze eenzijdigheid is, beseffen we stilaan en brengt ons tot een paniekerige impasse. Oernatuurlijke dingen hebben we omgebouwd tot onze eigen vernietigers : de lucht die we inademen, het voedsel dat we eten, het landschap waarin we wonen... We produceren niet-duurzaamheid, wisselstukken, bergen wegwerpmateriaal. Onze wereld wordt een mestvaalt in plaats van een thuis. Wij zijn gevoel voor verbondenheid met de dingen kwijt. We hebben ze onderschat en onszelf overschat.

Het is niet waar dat wij alleen maar tegenover de dingen een houding hebben van 'voorzichtigheid,' tegenover de planten van 'behoedzaamheid' en tegenover de dieren van 'zorgzaamheid' zoals Ton Lemaire dit helder analyseert. Er is veel meer dan dat. We weten nu dat de dingen, de planten en dieren evenzeer onze behoeders zijn. Het is mensen-hoogmoed om zich tegenover hen op te stellen als verbruiker-verbruikte. We worden, met verbijsterde verwondering om de ravage die we reeds hebben aangericht, bewust van het noodzakelijk evenwicht tussen mens en ding-plantdier. Zij zijn niet alleen waardevol voor het *gebruik* van de mens. Zij hebben waarde op zich en vooral waarde in de wederkerige zingeving. Het is een filosofische illusie dat de mens de enige zingever is. Hij vindt zin en maakt zijn eigen zin uit.

Een bloem is mooi als bloem, wolken boeiend als bedrijvig spel, kleur als variatie van zacht naar hard, van diep naar vluchtig, een steen door zijn vorm, een boom door zijn lijnenspel. Kunstenaars hebben eindeloos de dingen bekeken, beluisterd, getekend, in vorm gegoten of gezet.

Wij herinneren ons uit het Middelheimpark te Antwerpen een beeldhouwwerk van Ion Irimescu 'Herinnering'. Zelfs iets zo abstracts als een gedachte wordt hier uitzonderlijk 'teder' weergegeven. Iemand vertelde ons hoe hij jarenlang 'stillevens' van schilders niet kon appreciëren, totdat hij ontdekte dat juist deze verstilde dingen een vorm waren van rijpere schouwing, een verwijlen bij de dingen.

Maar de dingen hebben niet alleen esthetische waarde. Ze zijn buiten hun gebruikswaarde niet enkel de moeite omdat ze schoon zijn. Belangrijker is hun verwijzend karakter : zij laten mij de samenhang zien, het op elkaar inspelen. Zij scheppen een wereld waarin ik besta en door mijn bestaan komen de dingen tot nieuw leven.

Elke mens bouwt zich geleidelijkaan, in breder wordende concentrische kringen, een wereld op waarin hij zich herkent. De dingen (en planten en dieren en mensen) zijn oriëntatiepunten, referentiepunten, boeien, bakens. Het is een echt raster, een netwerk van vertrouwvolle dingen. Zo ontstaat er voor ieder mens een uniek *identiteitsplatform*. De kwaliteit en intensiteit van zijn relaties met zijn omgeving bepalen in bijzondere mate de sterkte en stevigheid van zijn vertrouwen, zowel zelfvertrouwen als vertrouwen in het andere en de andere(n). Hieruit blijkt hoe belangrijk vanaf het prilste begin van mijn leven mijn omgang met dingen is. Heb ik de kans gekregen om dingen te voelen, te betasten, te horen, te zien, te smaken, te ruiken ? Vooral : heb ik datgene, wat me is aangeboden, mogen ervaren als iets dat veilig was, dat me geborgenheid gaf ?

Kon ik het plaatsen in mijn ervaringsveld en was het een duidelijk oriëntatiepunt voor me ? Kreeg ik de tijd om het in me op te nemen, om er een duurzame band mee te leggen, of werd ik overspoeld door kwantiteit in plaats van kwaliteit ?

Het is de moeite waard om een kind te observeren in de opbouw van dit identiteitsplatform. Het heeft aangeboren reflexen voor geleidelijkheid, een eigen groeiritme en verwerkingscapaciteit, typische 'gevoelige periodes'. Het leeft in deze ontwikkelingsfase hoofdzakelijk zintuiglijk, zinnelijk.

In onze moderne tijd wordt juist deze zintuiglijkheidsontwikkeling enorm geteisterd. De noodzakelijke bergende warme aanwezigheid van de moeder wordt verwaarloosd. De constante uithuizigheid (beide ouders gaan werken) biedt aan kinderen een zeer zwak referentiepunt naar het veilig nest. Vroegtijdig voortijdig gesjouw naar crèches, pleegmoeders, grootouders desoriënteert kinderen. Zij zijn niet alleen emotioneel labiel en spraak- en motorisch achtergebleven, maar hun ontbreekt een vaste basis, een betrouwbaar platform. Men tracht dan de uithuizigheid met andere (schijn)-waarden te compenseren : hen te overstelpen met materiële dingen zoals bergen speelgoed, snoepgoed, limonades of allerlei 'pedagogisch verantwoord materiaal'.

Het is nochtans wetenschappelijk gemeengoed dat de eerste levensjaren van een kind fundamenteel zijn. Wij weten dat, maar leggen met allerlei materiële en maatschappelijke argumenten deze wetenschap naast ons neer.

Met dezelfde hardnekkigheid blijven de schoolprogramma's al te voortijdig het abstraherend kennen en weten doordrukken. In een systematisch versnelde escalatie wordt abstractie opgevoerd en zintuiglijkheidsontwikkeling als afleiding en ballast overboord gesmeten, net als bij een ballonvaart. Met het abstraherend verstand zijn we de lucht ingegaan, héél hoog. Zo hebben we het werkelijke contact met en de liefde voor de dingen verloren, de wereld nietig ver beneden ons.

We bouwen aan een anti-wereld : een die zichzelf zal vernietigen. De agressie en de vereenzaming nemen onrustbarend toe. Er wordt enorm veel verspild, enorm veel vernield. Consumptie om de consumptie is een moderne geraffineerde vorm van vernieling en agressie. Tenslotte is het dodelijk vereenzamend, omdat het de mens geen geborgenheid biedt.

Waarop het aankomt zou dan zijn, dat wij voor de werkelijkheid
komen te staan, de stoot ervan voelen, door de zinvolle gestalte
ervan getroffen worden, — maar dat betekent zien, horen, grijpen.
De zintuigen zullen een volkomen nieuwe betekenis krijgen.
Waarom het voortaan gaat, is het levende oog, het oor, de hand,
in één woord, de zintuigen waarvan het verband telkens van de
meest uitwendige cellen tot in het hart en in de geest reikt. De
dingen moeten weer gezien, gehoord, gegrepen, gesmaakt worden,
in hun totale verschijningsmacht worden gevat, dan pas kan er weer
een begin gemaakt worden met het denken, en wel een wederge-
boren denken dat gehoorzaam is aan de werkelijkheid en alles op-
neemt wat zich daarin voordoet; dat in staat is de werkelijkheid
naam te geven, te verstaan en daaruit 'wereld' te bouwen.

R. Guardini, 'De Zintuigen'. Hasselt, Heideland, 1960, blz. 28.

Hij is het licht vergeten
en het gras vergeten
en al die kleine kevertjes
en de smaak van water en het waaien
hij is de geur vergeten
van het hooi de grijze vacht van de schapen
de varens de omgelegde aardkluiten
zijn binnen is geen nest zijn buiten
geen buiten zijn tuin een vaas
hij is ook
de bliksem vergeten de rauwe
hagel op zijn voorhoofd
hij zegt niet : graan meel brood
hij ziet de vogels niet weggaan
en de sneeuw niet komen
hij zal bang en verongelijkt doodgaan.

Jan G. Elburg, 'Stadsgenoot'.

Ik heb persoonlijk mogen ervaren hoe opvallend frequent mensen
met relatiemoeilijkheden een bijzonder slecht identiteitsplatform
hebben. Hun platform schijnt een zeef te zijn met grote gruyère-

kaasgaten. Het heeft geen draagkracht. Zij schijnen door hun eigen bestaansvlak weg te zakken. (Dit is b.v. kenschetsend bij de moderne neurose : depressie).

Anderen hebben als pilaarzitters hun relaties opgebouwd en alle energie geïnvesteerd op één wankele pijler. Zij wiegen gevaarlijk heen en weer bij 't minste onweer.

Weer anderen hebben een veel te groot oppervlak. Zij hebben geen diepgang of wortels. Zij 'bestaan' oppervlakkig door veel dingen zonder waarde.

Kortom : het komt veelal hier op neer dat zij óf weinig óf slechte relaties hebben met de dingen rondom zich. In plaats van vertrouwvol, oriënterend, veilig en bergend, worden ze bedreigd, vreemd, een doolhof zonder herkenbaarheid.

Het wordt dus de hoogste tijd dat wij korte metten maken met onze verwaande uitbuitende houding tegenover dingen. Wij moeten, hoe naïef het ook mag klinken, weer zin krijgen voor poëzie, contemplatie, natuurgevoeligheid, symbolen. Wij moeten onze houding van exploitanten opgeven en weer nederigheid leren ten opzichte van dingen, onze afhankelijkheid en kwetsbaarheid deemoedig erkennen.

Wij moeten weer leren dialogeren met de dingen, hun ritme eerbiedigen, hun taal en zeggingskracht verstaan.

We moeten weer leren zeggen : „Da's fijn. Ik herken me hier aan dit en dat en dat...".

M.a.w. met welke kwaliteit wil ik tussen en bij alles aanwezig zijn ? Dit is : is mijn omgang met de dingen teder ?

'Da's fijn' zeggen is een synoniem van beamen, niet slaafs of gelaten, maar in volle creativiteit 'werkelijkheid' maken.

Leven laten leven,
een boom een boom
laten, een wolk een wolk,
niet telkens

trekken, rukken, anders willen,
een woord horen dat
niet gesproken wordt, al
is het te vinden.

Wij doen taal, doen
een tong in ons oog, spreken
voor, ongeduldig, lenen
de dingen een doodmoe

oor, het kan niet meer
het kan niet meer horen,
wat door waarheid ondernomen
wordt, voor zichzelf.

Wij dwingen, voortdurend,
laten nergens vrijheid,
laten nergens geen mensen zijn,
laten niets gebeuren

zoals het zelf wil.
Doen, doen. Zeggen :
ik, ik, en dan te weten
waartoe, waarin

bloemen liefde spreken. Liefde ?
Waarom ? Een bloem
spreekt bloem, doet
niet anders, niet en

nooit. Vraag niet, wacht
wat is, laat akkers
hun voorjaar, nachten
hun open mond

naar ochtend, aarde verandert
pas dood, laat
leven leven, laat
los, laat het dansen,

springen, reiken, laat het bidden
als een boom, handen vouwen als
het onverbiddelijke dak
van een boerderij, laat het beginnen

bij wat is. En doe niets
dan amen zeggen, met open
hart, naar het gelovige
verschiet.

Gabriël Smit, 'Werkelijkheid'.

Het leven van sommige mensen zal gekenmerkt zijn door hun tederheid met dingen, meer dan met andere mensen. Hun relaties
dragen vooral dit accent. Dit kan een vrije keuze zijn, of eerder
door omstandigheden, of soms zelfs omdat zij geen andere keuze
hadden. Alle mensen zouden teder moeten omgaan met dingen,
maar voor sommigen is het hun beroep, hun roeping, hun gave,
hun levensproject. Zij doen dit op een expliciete wijze.
Ik denk aan wetenschappers, ingenieurs, landbouwers, arbeiders,
huismoeders... zij zijn dagelijks vlakbij de dingen.
Ik denk aan alleenstaanden voor wie hun omgeving dubbel geborgenheid moet bieden, opdat zij er zich thuis voelen.
Ik denk aan kunstenaars die op een bijzondere wijze gevoelig zijn
en begaafd om de dingen te ontmoeten.
Deze tederheid is even waardevol en van even intens niveau als
de man-vrouw verhouding.
Ik kan hardstikke jaloers zijn op het ontdekkende geduld van een
kind, het om-en-om draaien van een voorwerp, het in de mond
nemen en proeven, het luisterend toetsen op zijn geluid, het aftasten van zijn vormen, het groeiend zingeven binnen het kleine
bestaan.
Ik heb grenzeloze eerbied voor de kunde van een vakman, de
vaardigheid waarmee hij werktuigen hanteert, zijn kennis van ma-
terialen, zijn smaak voor vormgeving, zijn liefde voor wat hij in
handen neemt, zijn vindingrijkheid.
Ik heb liefdevolle bewondering voor huisvrouwen die van een huis
een thuis kunnen maken, die zelf 'aanwezigheid' zijn, die gastvrijheid vanzelfsprekende inhoud geven met eenvoudige hartelijk-
heid, die nog de kunst verstaan van het koken, het genezen, het
opvoeden, en al die kleine onooglijke dingen optillen tot zinvol
bestaan voor zichzelf en de huisgenoten. Zij zijn de grondleggers

70

van elk stevig bestand identiteitsplatform.

Zij, en alle mensen die het moeten hebben van de dingen, hoeven zich niet gefrustreerd, onvolwassen, minderwaardig, onvolledig te voelen tegenover de mensen die hun leven anders accentueren, nl. in een partner-relatie.

Zij zijn even grote kunstenaars in de kunst van tederheid. Wat zij soms ervaren als een soort machteloosheid, een tekort of onbereikbaarheid, ervaart af en toe elke mens : uiteindelijk is ieder in wezen eenzaam.

De kwaliteit van mijn relaties, m.a.w. mijn tederheid, bepaalt uiteindelijk of het gevulde eenzaamheid is of verloren vereenzaming.

De stilte van het bos wordt geluid, wanneer geleidelijk het suizen, het kraken, de val van een blad of een vrucht, het opvliegen van een vogel, het gegons van een insect te horen zijn, en soms de sprong, dan het verschijnen van een hert dat je onbeweeglijk aankijkt vóór het wegvlucht.

Als ik het had kunnen aanraken, dan zou zijn vertrouwen voor een poosje mijn verdriet weggenomen hebben.

Anne Philippe, 'Spiraal', blz. 22.

Tegenwoordig gebeurt het van tijd tot tijd dat een fraaie zonsondergang, de geur van klaver of sappig gras in juni, een goudvink in de top van een larix, de witte rijp van de stille noordelijke wouden, die oplicht in het maanlicht, een stuk grootse symfonische muziek, het gezang van een lijster in de schaduw van een stil, geurend pijnbomenbos, een onwillekeurige gevoelsexpressie op het gelaat van iemand die je graag mag of de bezeten roep van een fuut in de vroege ochtendmist — ervaringen die ik eens samen met degenen van wie ik hield doormaakte — mij een ogenblik dat gevoel geeft dat ik met eenzaamheid aanduid. Ik geloof dat het telkens verschijnt als ik iets meemaak dat te mooi is om onder woorden te brengen.

Clark Moustakas, 'Liefde en eenzaamheid', Rotterdam, Lemniscaat, 1975, blz. 46.

Teder-zijn met een kei, glad uit de bergbedding;
met de wind, een zachte zomerbries;
met het riet, ritmisch gezongen beweging;
met vogels in glooiende glijvlucht;
met blauwe lucht en haar oneindigheid;
met de konische vaas, uitgebrande kleuren;
met diep fluweel, geaaide streling;
met de aarde en haar vruchten;
met de bloemenknop die ik aarzelend pluk;
met het zonlicht in mijn ogen;
met de geur van natte bossen;
met tere blaren in de lente,
met tranen ergens alleen;
met duinenzand tot franjes opgestoven;
met witgewassen kleren;
met een zwartdonkere avond;
met een melkweg sterren...
met beschroomde handen
wil ik alles raken;
geraakt worden,
de eigenheid geduldig ontvangen
ontbolsteren, ontvouwen, opnemen
eerbiedig namen noemen
fluisteren, luisteren
totdat ik horen mag
wie ik ben,
veilig tussen vertrouwde dingen.

Marcel Ploem, *'Als een zachte bries'*, Lannoo, Tielt-Amsterdam.

Dit hoofdstuk is mij uit het hart gegrepen

4. Ik voel me fijn : ik aanvaard me
Tederheid met zichzelf

Ik ben me goed bewust dat dit deel over 'tederheid met zichzelf' bij een aantal lezers onbewust of bewust wrevel zal verwekken, bij het lezen van de titel alleen al. Immers, bij hen roept het onmiddellijk een ongezond bezig zijn met zichzelf op, een zwakke weekheid, een onvermogen zich naar anderen te keren, flagrant egoïsme, een zwoel solitair zichzelf tot middelpunt maken. Het heeft een directe relatie met zelfbevrediging.

Zelfs Ton Lemaire behoort tot deze groep wanneer hij schrijft : „Ik kan mezelf immers niet liefkozen, behalve in het geval van zefbevrediging" (o.c., p. 27).

Het is ontstellend hoeveel mensen een slechte relatie hebben met zichzelf, vooral met hun eigen lichamelijkheid. En hoezeer zij hierdoor in de knoei zitten !

Jaren en jaren opvoeding hebben achterdocht en misprijzen gekweekt tegenover zichzelf. Het eigen lichaam was een volkomen onbetrouwbare partner. Men schijnt zich niet te realiseren welk een zondige gevoelens vanuit het zesde en negende gebod in de gewetens van mensen zijn ingehamerd en ingeheid. Het zit ongelooflijk diep. Heel veel mensen waren daardoor (alhoewel gehuwd) onbekwaam om te trouwen omdat ze niet eerst ver-trouwd waren met zichzelf.

Angstvallig werd er vermeden zichzelf te voelen en te bekijken. Men meed de eigen lichamelijkheid, woonde op vreemde kamers. St. de Batselier noemt dit het aanrakingsverbod.

„Een van de gevolgen die de overgang van het spontane, pre-reflexieve lichaamsbeleven naar het probleemvolle, reflexieve lichaams-betrokken-zijn kenmerkt, is het feit dat wij leven in een verboden-aan-te-raken maatschappij. Dit aanrakingsverbod geldt uitdrukkelijk voor het menselijk lichaam, — zowel het eigene als dat van anderen. Er is eigenlijk weinig eigen aan het lichaam van veel mensen. Zij staan zo vreemd tegenover de eigen lichamelijkheid, leven er niet echt mee samen, zijn er echt niet mee verbonden...

Men bewaart liefst een veilige afstand tussen zichzelf en de anderen, en een duidelijk zichtbaar geworden afstand tegenover het eigen lichaam. Deze afstand werkt zeer verstorend : een gamma klachten, — en een kunstmatige regulatie met pep-pillen en tranquillizers.

Zich lekker voelen in eigen huid, zichzelf als één doorstromend lichamelijk genot beleven, ...is duidelijk in tegenspraak met de verworven en nog steeds vigerende puriteinse moraal. De aanrakingsvrees is verworven, — is geen natuurlijk gegeven. De aanrakingsnood, — het is inderdaad een noodsituatie geworden, — zoekt andere uitwegen : een hond, een kat, de pijp of sleutelhanger, eigen haar, snor of baard, bepaalde delen van de eigen kledij, om het even welk onschuldig voorwerp men in handen heeft... De opvoeding is één grote reductie van de tast-gevoeligheid, geconditionneerd tot een 'dat-doet-men-niet'-houding. En toch is de aanraking fundamenteel voor de geestelijke en lichamelijke gezondheid. De vrees voor de aanraking en het eigen lustbeleven zou wel eens het lichaam in die mate kunnen desensibiliseren, dat het individu niet meer gealarmeerd wordt door de fysische waarschuwingssignalen voor ziekte of organische disfunctie."

St. De Batselier, 'Impasse', De Nederl. Boekhandel, Antwerpen, blz. 116-117.

Ik beef
als de man
in de trein
zijn been
naast
mijn been zet
en mij zelfs niet bekijkt.

Ik ril als mijn arm
een andere arm raakt
van een heer
die niets om mij geeft
maar wiens arm menselijk warm
rustig aanleunt tegen de mijne.

Ik kleur
als zijn hand
mijn handhuid omsluit

en ik voel het stille contact
met zijn huid.

Ik wou dat één heer
één hand
één been
mij één nacht
ernstig liefhad.

Ik wou
dat één nacht
tijdeloos zwart
één mens aan mijn hart lag
zodat ik goed was achteraf
en warm
voor allen die mild mij wensen.

Lutgardis Ureel

Blijkbaar liggen een aantal axioma's aan de basis van deze vervreemdende afstandelijkheid met het eigen lichaam :
- zichzelf aanraken leidt regelrecht naar zelfbevrediging;
- er bestaan geen andere vormen van zelfliefkozing dan zichzelf genitaal aanraken;
- zelfliefkozing is identiek met zelfbevrediging en verdient uiteraard een negatieve beoordeling;
- want zichzelf bevredigen is identiek met masturbatie;
- masturbatie is altijd puur egoïsme, een vieze kliederboel, een zwoel solitair avontuur met directe nefaste gevolgen zowel fysisch als psychisch als moreel.
Kortom, zelfliefkozing zit verankerd in een masturbatiesfeer. Een ander axioma is dat seksualiteit niet iets van zichzelf is en nooit voor zichzelf. Genoegen beleven aan de eigen lichamelijkheid is een loense vreugde.
Seksualiteit was uiteraard altijd gericht op de ander, door God bestemd als een geschenk voor de ander en als dienst aan het leven. Zo mocht men seksualiteit niet tot zijn privé-voldoening gebruiken. Maar er is heel wat veranderd ondertussen. De kijk op

seksualiteit is veel breder geworden. Samen met de 'dienst aan het leven' is het een deugddoend bé-leven geworden, communicatie, relatie, opgave tot eigen geluk en dit van anderen. Ook in de moraal kreeg seksualiteit een veel ruimere vulling en een bredere taak. Er kwam plaats vrij voor de persoon zelf : seksualiteit niet langer als een vreemdrecht maar als eigenheid.

Ik meen heel oprecht dat die God de mens eerst en vooral aan zichzelf heeft gegeven als een geschenk om gelukkig te zijn, ook binnen de eigen lichamelijkheid, ook binnen de eigen genitaliteit, met zijn eigen mogelijkheden en beperkingen.

Men geeft niet als geschenk waar men zelf niet van houdt. Men heeft de mensen geleerd van anderen te houden, maar niet van zichzelf. Het is onjuist te beweren dat seksualiteit alleen maar gericht is op de ander en 'dienst aan het leven.' Seksualiteit heeft nog veel bredere waarden dan de 'huwelijksvruchtbaarheid.'

Het is in-treurig te moeten vaststellen dat de meest voorkomende houdingen tegenover het eigen lichaam zijn : onwetendheid, achterdocht, ontkenning, angst, afkeer, onvolledigheid. Ik heb niet de ervaring dat men gelukkig is, dat men zich lekker voelt in zijn eigen vel, onbevangen bij zichzelf kan en mag zijn. Er rust een doem op. Juist daarom schrijf ik graag — alhoewel mij zeer bewust van de delicate materie — dit deel, en wel om verschillende redenen.

1. Omdat ik wil meehelpen dat mensen eindelijk zouden kunnen zeggen : Ik voel me fijn. Ik ben o.k.

2. Om mensen te bevrijden van een oneerlijke gewetensdruk door valse ideeën over zelfliefkozing.

3. Om mensen aan zichzelf terug te geven, zichzelf als goed te ontdekken, door hen op de waarde van hun bezielde lichamelijkheid te wijzen.

4. Om duizenden mensen, die leven zonder partner, het recht terug te geven zich bij zichzelf goed te voelen, te houden van zichzelf, seksualiteit te beleven.

5. Om angst en achterdocht weg te nemen, constante vervreemding en uithuizigheid, en hun in plaats daarvan een thuis te bieden en mogelijkheden voor evenwaardige tederheid en liefde.

In de menselijke relaties is er geen terrein zo braakliggend en zo taai-volgehouden misprezen als die tegenover zichzelf. Slechts heel langzaam durven wij zeggen : ,,Ik kom van ver..." (Br. De

Roeck). Wij hebben de conditio-sine-qua-non van de intermense-lijke relaties uitgehold door eenzijdige overaccentuering. Wij hebben het 'Bemin je naaste' in alle toonaarden gepredikt en gezongen, maar we hebben het leidmotief, de dragende melodie verzwegen nl. 'zoals jezelf'.

Dezelfde scheppende en vruchtbare kracht vinden we terug in die allereerste relatie : En God schiep de mens als zijn beeld.

Zelfaanvaarding

Tegelijkertijd met de uitbouw van mijn identiteitsplatform door mijn groeiende relaties met dingen, bouw ik relaties uit met mezelf. Die zitten door elkaar verstrengeld.

Ik ben niet alleen degene die gaandeweg de dingen ontdek en hun een naam en een plaats geef in mijn bestaan, maar ik ben zelf ook 'ding'. Het is een wonder hoe ikzelf geleidelijk mezelf verken en de dingen-aan-mij een naam geef, deze opneem in het totaal-beeld en het totaalbeleven van mezelf.

Deze zelfver-werk-elijking is een blijvende opdracht mijn hele leven door. Ze houdt niet op na 'dit is mijn neusje en dit is mijn mondje en oogjes en piemeltje'. Al spelend verover ik mijn lichaamsschema. Ik moet trachten mezelf zó te aanvaarden, zó graag te zijn met mijn mogelijkheden en beperktheden. Ik moet mijn kunnen ervaren, maar ook mijn grenzen. Sommige aspecten aanvaard en integreer ik vlot, andere moeilijk. Ik noem maar wat : ros haar, x-of o-benen, sproeten, een handicap, stotteren, een kleine gestalte, zwaarlijvigheid, de menopauze, pensioen, derde leeftijd... Het is een voortdurend proces, een nooit aflatende taak mijn hele leven door, want telkens ben ik anders gesitueerd. Ik ben niet dezelfde als baby, kleuter, puber, verliefde, gehuwde, vader, bejaarde enz. Daaraan vastgekoppeld zit telkens een al of niet bebewuste ervaring en beleving.

Maar wil ik volop mens zijn dan moet ik er werk van maken : hoe sta ik tegenover mezelf, ben ik goeie-maatjes met mezelf ?

Bepaalde fasen in mijn leven zullen meer bepalend zijn voor mijn later zelf-vertrouwen, zelf-zekerheid, mijn vermogen bij mezelf te zijn of me naar anderen toe te keren.

77

Het gaat niet alleen om de ervaring van het eigen lichaamsschema en het fysisch zich-lekker-voelen; maar evenzeer over de opbouw van het eigen denk- en gevoelsschema, de eigen religieuze wortels en de eigen geborgenheid in de gemeenschap. Het gaat over dit 'zelf' als een vaste kern, waarbij ik graag 'aanwezig' ben. Graag vrouw zijn of graag man. Dit 'zelf' als centrum van mijn 'genieten' in de zin van gelukkig-zijn (het zit me lekker, ik voel me lekker, ik voel me fijn).

Sinds Terruwe kennen we het belang van de bevestiging. Welnu, ik moet ook bevestigd worden, door de ander die ikzelf ben. Want het wondere van de mens is dat hij zichzelf onder de loupe kan nemen, als het ware afstand kan nemen van zijn uittreden uit zichzelf. Dan kan hij voor zichzelf vreemd zijn of eigen, vriend of vijand.

Deze kwaliteit van aanwezigheid bij zichzelf is niet noodzakelijk een 'huidse' liefkozing. Zij heeft evenveel vormen van in- en uitwendige tederheid als de wederzijdse bevestiging van minnende partners.

Er heeft altijd een zwaar taboe gewogen op de zelfliefkozing, omdat men ze ten onrechte zag als alleen maar een erotisch strelen van zichzelf, een ziekelijk en krampachtig het eigen lichaam zoeken om solitair te vinden wat niet bereikbaar was bij een partner, een gemakkelijk en voor de hand liggend ersatz. Het gaat er niet om dit taboe te doorbreken omwille van het genoegen taboes te doorbreken. Het gaat erom een vals taboe af te breken, mensen te bevrijden van een dwanggedachte en hun te leren schroomvol waardevolle dingen zelf te hanteren. Ik moet me bewust worden dat ikzelf een waardevol 'iets' ben : ik heb mezelf in handen gekregen. Ikzelf ben voor mezelf op de allereerste plaats een waardevol geschenk. Iemand van zichzelf leren houden en zo de ander aan zichzelf (terug)geven is één van mijn rijkste ervaringen in mijn consultatiewerk.

Zelf-ontdekking

We zagen reeds hoger dat het lichaam een belangrijk raakvlak is van uit- naar inwendigheid en vice versa.

Voor mijn 'self-acceptance', mijn 'zelfaanvaarding' is dit ook zo. Het is van wezenlijk belang dat ik het lichaams-, denk-, gevoels- schema kan opbouwen langs ervaringen die me lichamelijk door- trekken.

Ik moet mijn lichamelijkheid leren beleven, me eigen maken. Seksualiteit, in de brede betekenis, moet ik leren. Naast een in- stinctieve behoeftereflex, vooral genitaal gericht, heeft seksuali- teit nood aan vermenselijking. Het komt dus eerder op de kwali- teit aan van mijn 'proberen', mijn leren en zoeken. Net als alle andere ervaringen moet ik leren de eigen taal en tekenen van mijn lichaamsbeleving te onderkennen, te duiden, vorm en gestalte te geven, te richten. Het is evident dat ik seksualiteit niet mag expe- rimenteren in het wilde weg, alsof het een consumptieartikel is. Maar anderzijds is het even onjuist te denken dat men dit alles vanzelf kan of dat het iets is dat inherent is aan het ja-woord.

Zo wordt seksualiteit al te gemakkelijk en automatisch gekoppeld aan partnerseksualiteit in het onmiddellijke perspectief van ge- slachtsgemeenschap. Er zijn nog veel andere vormen van seksuali- teitsbeleven.

Het allereerste en meest vlakbije veld en de natuurlijke ruimte hiervoor is het eigen lichaam.

Dit lichaam moet ik leren : als iets van mij dat er is om gelukkig te zijn. Het is een fijn instrument. Het is : ik.

We geven hier bij wijze van voorbeelden een lijstje van zelfteder- heidsbelevingen dat uiteraard onvolledig is. Zo'n levend lijstje is nooit af; 'ik' ben nooit af, want zelfs het sterven is een diep- ingrijpende beleving van zelftederheid : zichzelf loslaten, uit han- den geven wat het meest eigen is. Voor gelovigen reikt ze nog verder : over de grenzen van de dood heen zich bergen en geborgen weten, leven in het licht van de verrijzenis. (Ik ken geen tederder verhalen dan de verrijzenisperikopen.)

1 - het spel van kleine kindjes met hun teentjes; het zuigen van de moedermelk; geknuffeld worden; het zinderend lallen van hun sprekende lipjes; het gieren in het bad; het 'rocking' in de wieg; het genot gegeten te hebben zodat men een boertje kan laten; de diepe slaap; het verwonderd ontwaken;

2 - de fierheid van de eerste stapjes, de herhalingsdrang, anale ge- noegens, bewustwording van het ik, nonchalance enerzijds, beginnende preutsheid en schaamte anderzijds, identificatie;

3 - zintuiglijke genoegens in grote hevigheid, ontdekking van de eigen lichamelijkheid, kracht, spiersoepelheid, geestelijke en fysieke prestatie, het gevoelen gezond of ziek of gehandicapt te zijn; dromen en dagdromen; loomheid; *stond bij mij in het teken van zo*

4 - de eerste maandstonden, de eerste zaadlozing; het gevoel van de eigen gave huid, puistjes; het voorkomen en de fysieke aantrekkelijkheid; lichaamshygiëne en make-up; kleding; eigen naaktheid;

5 - de streling van wind, water, gras enz.; de eigen hand; het genoegen van goed eten;
een fris bed; doorvoelde bewegingen zoals zwemmen, dansen, enz.;
een tintelende huid van kou, doorwaaid zijn door zeewind;
de genoeglijke warmte van een haardvuur;
zondoorbakken bruinen, luilekkeren;
het eigen beddenestje en verkwikkende slaap;
gemakkelijke losse kleren; feestkledij;
feesten, humor en lachen; vreugde, extase;
stilte waarin men zich hervindt;
stilte die doet confronteren met zichzelf;
pijn, ziekte, verdriet;
tederheid van de ander die me tot mezelf terugvoert;
waarderende bevestiging;
de rust van het oud worden, wijsheid en grijsheid;
verlangen naar de dood
definitieve aanwezigheid bij geliefde doden...
Het is goed deugddoende ervaringen als dusdanig te onderkennen:
- de ontspannende massage van een stortbad;
- de bevrijdende frisheid van een zomerse regenbui;
- de lichamelijke deugd van lekker eten en drinken;
- de stille extase bij de borstvoeding;
- het zoutig zweet na hevige inspanning;
- de ongecompliceerde morgenerectie;
- de stroeve spierspanning de dag na een sportprestatie;
- intellectuele concentratie die blijft hangen;
- de fysiek-doorvoelde ontroering bij een film, een boek;
- een charmante ontmoeting.
Wij hebben het verleerd om bewust bij dergelijke ervaringen stil

te staan, en nochtans zijn zij bepalend voor de zelf-aanvaarding. Bewust werken aan de kwaliteit van deze ervaringen en relaties met zichzelf, noem ik 'zelftederheid' : hoe wil ik bij mezelf aanwezig zijn.

Deze seksualiteitsbeleving moet ik leren, proberen. Men moet weten wie men zelf is : de eigen aantrekkelijkheid én de eigen hebbelijkheden, de soepelheid én verstarring, kwetsbaarheid én onbereikbaarheid. Ik moet de latente vraag in mij dragen : waarin voel ik me fijn ? Wat maakt me wrevelig, wat aanvaard ik niet van mezelf ? Dit zelfbeeld zal uitgroeien tot zelf-vertrouwen, als ik in mijn kunnen word aangemoedigd en bevestigd; anders groeit er wantrouwen.

Mijn zelf-aanvaarding hangt tegelijkertijd af van de kansen die me geboden worden om mezelf te verkennen, van datgene wat ik van mezelf aan anderen laat kennen. Het is een wisselwerking van be-vestiging : het vestigt me, het geeft me mijn eigen waarde en plaats.

jij schopte vijftig centimeter
toen riep de meester 'o wat ver !'
jij schopte weer
toen trapte je vijf meter
dank zij 'o wat ver'.

Ons lichaam is stom

Ik heb tal van mensen ontmoet die een slecht of een onvolledig beeld hadden van zichzelf. Opvallend veel vrouwen, maar ook mannen. Het resultaat was logisch : relatiemoeilijkheden. De achtergrond was altijd achterdocht en angst tegenover zichzelf, vooral tegenover de eigen lichaamsbeleving. Zij hebben geleerd zich altijd weg te cijferen, zij werden opgevoed om zelfvergeten moeders te zijn zonder eigen territorium. Zij hebben zich een imago aangemeten altijd tederheid te geven, maar niet het recht te hebben die te ontvangen. Zichzelf tijd en aandacht en genoegens gunnen, ervaarden ze als de ander tekort doen, onvergeeflijk egoïsme.

„Tussen mijn moeder en mij was meer openlijke liefde dan vroeger. Tot nu toe had ik mijn moeders genegenheid ervaren als opoffering, niet als werkelijke liefde. Meer als plicht, meer als vreemde behoefte, mijn moeder eigen, om zich zelf iets te ontzeggen. Om het genot van de ontbering. Zij was bij uitstek volgeling van Calvijn, mijn moeder. Daar was zij zeer trots op.
'Het leven is je plicht doen, Lorretje', zei ze voortdurend, 'je plicht, je plicht en nog eens je plicht. Je bent niet op deze wereld om plezier te hebben'.
Over genot werd niet eens gesproken."

Riwka Bruining. 'Een droge boterham met affectie'. Amsterdam, Querido, 1974, p. 95.

Bezig zijn met de eigen lichamelijkheid was het exponent van verdorvenheid. In de heilige kruistocht tegen de onkuisheid heeft men het zekere voor het onzekere genomen : het is beter het lichaam niet te beleven.

„Het lichaam was verdacht. Je moest ervoor oppassen, vooral daar waar de lichamelijkheid zich het sterkst deed voelen in erotiek en seksualiteit. Hele generaties kunnen ervan getuigen hoe zij in angsthouding zijn opgevoed. Dansen was een tijdlang verboden. Zwemmen mocht, maar dan niet gemengd. Voor de vrouwen bestonden aparte voorschriften omtrent de kleding. Er was een tijd waarin het niet-dragen van kousen ongeoorloofd was. Overal waren signalen op rood gezet".

J. de Rooy, 'Van affectieve verlamming naar ontplooiing'. In : 'De Heraut', jg. 110 nr. 5-6, 1979, blz. 159.

Wie denkt dat dit verleden tijd is, heeft het mis.
Er is inderdaad wel een en ander veranderd. Mensen hebben zich op eigen houtje en verantwoordelijkheid door de plotselinge wildgroei van de seksualiteit een weg gezocht. Maar een ernstig opvoedingsprogramma, een didactiek van de lichaamsbeleving bestaat niet. Zelftederheid blijft een muffe bezigheid, of men gaat er in een grote boog omheen, klagend over de losse zeden van de moderne jeugd.

De wildgroei van de seksualiteit en de ruimere kansen om genitaliteit te beleven (allerhande fotoboeken, de toevloed van voorlichtingsboeken, films, televisie, voorbehoedsmiddelen, gewoontes uit andere culturen...) hebben veel mensen in een impasse gemanoeuvreerd. Zij beleven een getormenteerde ambiguïteit : enerzijds leven zij nog in achterdocht en angst om de eigen lichamelijkheid — dikwijls onder grote morele druk en schuldgevoelens —, anderzijds worden zij overvallen met al het nieuwe uit die opengebarsten wereld. Tot welke conflicten dit leidt binnen de eigen persoon en binnen partnerrelaties zijn droevige drama's.

Opgevoed in een sfeer van anti-lichamelijkheid en anti-zelftederheid beleven tal van mensen hun huwelijksrelatie als een hel. Elk gebaar van tederheid wordt stereotiep geïnterpreteerd door de partner als een directe aanloop naar coïtaal gedrag. De vrouw moet immers haar man terwille zijn, altijd en overal : marsorder...

„Als ik 's avonds na de afwas even neerzit en televisie kijk, dan weet ik dat mijn werk niet af is. Er wacht me altijd nog werk in bed", zei een vrouw me.

Het dilemma is telkens levensgroot. Zij hebben nooit geleerd het eigen lichaam, de genitaliteit en het veel ruimere terrein van de seksualiteit als iets goeds, lustvols, moois, deugddoend te beleven. Zij hebben schrik deze delen van hun lichaam aan te raken. Zij vinden het vies en vuil, want het is er bij hen ingehamerd dat het gevaarlijke lichaamsdelen zijn en dat 'het' een vieze boel is.

De organen van de uitscheiding liggen vlakbij of zijn zelfs de organen van de genitaliteit.

De borsten, het bekken, de vaginastreek, de dijen, de billen, de mannelijke genitaliën zijn verboden zones. Enkel om hygiënische redenen worden ze aangeraakt.

Het is dan ook te verwachten dat vanuit een dergelijke houding de partnerrelatie volkomen moet ontgoochelen. De eigenlijke dieperliggende verwachting is tederheid te ervaren. Het stereotiep patroon is echter het onvermijdelijke coïtale gedrag. Reden : men heeft er geen weet van, men staat huiverend en bevend tegenover de eigen lichamelijkheid, en daarom heeft men geen basis voor tederheid met de andere.

Zelftederheid is dus een conditio-sine-qua-non voor tederheid met anderen.

In dit verband wil ik wat dieper ingaan op de zelfbevrediging of masturbatie. Ik wil vermijden kiekeboe te spelen, door er niet over te schrijven. Genitale zelfliefkozing is uiteraard een aspect van de zelftederheid. Ik weet bovendien maar al te goed hoeveel mensen met belastende schuldgevoelens hieromtrent leven.

Masturbatie is voor mij een vorm van genitale seksualiteit zoals de coïtus, de tongkus, de erotische streling...

Elk van deze vormen kunnen heerlijke dingen zijn, heel authentiek; maar ze kunnen ook verslaving zijn, misbruik, beslagleggend, inauthentiek. Het hangt af van de kwaliteit van mijn aanwezigheid. Het is onze persoonlijke overtuiging dat de verwoede kruistocht tegen de masturbatie veel meer huwelijksrelaties heeft stuk gemaakt dan gaaf gehouden. Zij heeft een ongeproportioneerde tol geheven, een bijzonder zware hypotheek gelegd op de onderbouw van echte partnertederheid. Zij heeft alle zelftederheid verdacht gemaakt, schuldig belast en getaxeerd. Zo is het fundament zelf aangevreten en uitgehold. Heel veel partnerrelaties rusten op... niets, want er is enkel angst en achterdocht tegenover het eigen lichaam. Wil mij niet verkeerd verstaan. Ik houd geen pleidooi voor willekeurige ongebreidelde masturbatie.

Integendeel. Maar ik trek ook niet ten strijde in absolute uitspraken dat elke masturbatie a priori fout zou zijn. Waar het voor mij op aan komt is de kwaliteit van de relatie : het gaat om de relatie.

Gezien vanuit de opvatting dat seksualiteit alleen kan beleefd worden in het huwelijk van een man en een vrouw, en afgestemd op de huwelijksvruchtbaarheid, is masturbatie inderdaad niet anders te denken dan een solitaire foute beleving. Maar men is wel grondig anders gaan denken over seksualiteit. Men is ook grondig anders gaan denken over relaties.

Wat ik bedoel is geen vrije willekeurige seksualiteit of losgeslagen flirtende ongebonden relaties. Het gaat er juist om mensen, die nooit zichzef mochten zijn, hun verantwoordelijkheid eindelijk in eigen handen te geven, hun een statuut te bezorgen dat ook zij recht hebben op relaties. M.a.w. de huwelijksrelatie bezit niet langer het monopolie om seksualiteit te mogen beleven. Ik denk hier

heel concreet aan kinderen en jeugdigen, homoseksuelen, alleen-staanden, gehandicapten, weduwen, bejaarden, echtgescheidenen.
Elk van hen moet seksualiteit anders beleven dan in een huwe-lijksrelatie. Zo is hun bestaansconditie. Men doet deze mensen grondig onrecht aan door hen te willen persen, koste wat kost, binnen dat ene patroon. Het is een inbreuk op de elementaire rechten van de mens.

Hen respecteren is niet telkens verwijzen naar de man-vrouwrelatie, maar naar het wezen kijken van hun zó-zijn, van hun typische mo-gelijkheden om relaties uit te bouwen.

Die liggen uiteraard volkomen anders. Het wordt de hoogste tijd dat men ophoudt om hun relaties als minderwaardig te beschou-wen, als afkooksels van de huwelijksgemeenschap. Het wordt ook de hoogste tijd dat men van deze mensen niet langer eist dat zij hun seksualiteit sublimeren. Het is verstoppertje spelen en weigeren naar nieuwe vormen te zoeken voor tot nu toe gemarginaliseerde groepen. Beweren dat het huwelijk de normale natuurlijke weg is, is uitgaan van onbewezen premissen. Er zijn op de wereld meer ongehuwde mensen dan gehuwden.

Masturbatie kan een even natuurlijk gebeuren zijn als de coïtus. Het hangt af van de totale kwaliteit van dit beleven. Wanneer de beleving ziekelijk wordt, men blind en hebberig niets anders meer wil, vast zit in een stereotiep patroon, dán liggen accenten verkeerd en wordt een dergelijke houding riskant of fout, of 'slijpt het een diep spoor in je persoonlijkheid'. Maar doet afgedwongen coïtus in de huwelijksrelatie dit ook niet? Hoeveel mannen dwin-gen hun vrouwen niet op even ziekelijke manier met hen naar bed te gaan? En omdat dit binnen het huwelijk gebeurt zou het ipso facto goed zijn? Gewoon omwille van het feit dat men elkaar terwille moet zijn? Om het recht op elkaars lichaam? De kwali-teit van mijn relaties hangt af van de totale persoon die ik ben.

Als kleine kleuter, spelend met al wat aan en van mijn lichaam is, moet ik alles nog vinden, ook de onverwachte ontdekking van de genitaliën en de kinderlijke erectie.

Als puber moet ik klaarkomen met de gelijk- en vreemdgeslach-telijkheid. Ik moet mijn lichamelijk landschap ontdekken, opper-vlakkige en diepgaande verkenning. De zelfbevrediging vormt daar een heel natuurlijk onderdeel van, bij de een bijna onmerkbaar, bij de ander in alle hevigheid. 'Kwaliteit van relaties' zal er in bestaan of dit het hoogste is wat ik halen kan, ofwel dat ik méér mogelijkheden heb, of ik verder kan en wil groeien, of ik mij niet installeer en verschans in zelfbevrediging. Ik kan als puber op ongezonde wijze seksualiteit consumeren, mij uitputten in een eenzijdige bedwelmende ervaring. Dan riskeer ik bijzonder slechte kwaliteit van relaties te oogsten. Maar ik kan als puber ook rustig deze ervaringen integreren in mijn totale groei, als noodzakelijke voorbereiding voor een eventuele partnerrelatie. In deze relatie zal immers deze opgedane ervaring van zelftederheid een nuttige en verrijkende bijdrage leveren bij het liefdesspel.

Voor alleenstaanden, weduwen, gehandicapten is zelfliefkozing, ook in de zin van masturbatie, niet a priori een solitair zwoel avontuur, dat noodzakelijk gevolgd moet worden door een kater of schuldgevoelens. Ook voor hen geldt : wat is menselijk haalbaar in hun omstandigheden en wat is hierin voor hen de beste kwaliteit van aanwezigheid. Waarom zou het noodzakelijk 'een gemakkelijke vorm van seksualiteit zijn, waarbij je niemand toestemming hoeft te vragen en je niemand nodig hebt' ?

En het eigen geweten dan, moet ik dit niet bevragen ?

Als ik masturberen wil, zal ik met m'n hele hebben en houen moeten uitmaken of dit de beste kwaliteit van relaties is die ik, gezien mijn mogelijkheden en gezien de omstandigheden, kan halen.

Een tijd geleden was ik op een huwelijksfeest. In de pret van de avond werd er ook een kusjesdans gedanst. We deden allen vrolijk mee. Terug aan tafel zei een gehandicapt feestgenoot : „Waarom is niemand mij komen halen ? Ik zou dit ook graag meedansen. Wanneer gaan ze eindelijk eens beginnen om ons erbij te betrekken ," En gelijk had hij ! Je moet zelf gemarginaliseerd zijn om te ervaren hoe men vanuit de 'normale vitaliteit' discrimineert, hoe men als vanzelfsprekend veronderstelt dat men zijn seksualiteit sublimeert.

Vroeger waren er slechts twee patronen van seksualiteitsbeleving : het huwelijk en de onthouding.

Aan allen die niet trouwden werd zonder meer — in naam van de liefde — de maagdelijkheid als enig alternatief opgedrongen, ofwel als godgewijde ofwel in onthouding ofwel door sublimatie.

Het moest toch kunnen, het was een kwestie van wilskracht... of onwetendheid.

Wanneer ik zelftederheid ga consumeren (en ik kán masturbatie als een genotsmiddel consumeren) dan wordt ze verwenning. Ik wen eraan, het wordt sleur, routine, Ze is ontdaan van haar relatiebekwaamheid, haar kwaliteit van aanwezigheid. Ik ben bedorven, verwend.

Maar masturbatie kan ook een vorm zijn van hard persoonlijk gevecht, een machteloze kreet naar communicatie. Ik heb meer respect voor iemand, die met slechts twee stompen van benen, tracht op een dag van zijn bed tot aan de deur te geraken, zij het met krukken, dan voor iemand, die kerngezond van lijf en leden, te lui is om zich te verzetten.

Zo heb ik ook meer respect (en liefdevolle tederheid) voor iemand die langs en door masturbatie tracht tot relatie te komen (zij het stamelend en stuntelig en slechts met zichzelf), dan voor iemand, die ondanks alle mogelijkheden zich heeft ingekapseld in onbereikbaarheid. Voor mij is het eerste waardevolle seksualiteit, het tweede trieste verarming.

Zelftederheid is
schroom voor het eigen wezen
geloof dat seksualiteit goed is
creativiteit om vorm te geven aan zijn eigenheid
mildheid voor het eigen falen
eerbied voor de eigen lichamelijkheid
basis voor zelfvertrouwen
huiver voor valse bedwelming
warsheid van weke zelfkoestering
wil om te blijven groeien
kwaliteit aanwezigheid bij zichzelf
openheid naar anderen
zin voor harmonie binnen de eigen persoon
recht op vrede en genoegen met zichzelf
verantwoordelijkheid voor de eigen keuze
vraag naar bevestiging

relatie met het eigen ik
bevragen van eigen kunnen en grenzen
herkenbaarheid te midden van dingen en mensen
thuishaven, veilig nest
worsteling voor een eigennaam
aanvaarding van het zó-zijn.

Een zwemmer is een ruiter

Zwemmen is losbandig slapen in spartelend water
is liefhebben met elke nog bruikbare porie
is eindeloos vrij zijn en inwendig zegevieren.

En zwemmen is de eenzaamheid betasten
is met armen en benen aloude geheimen vertellen
aan het altijd begrijpende water.

Ik moet bekennen dat ik gek ben op het water
want in het water adem ik water, in het water
word ik een schepper die zijn schepping omhelst
en in het water kan men nooit helemaal alleen zijn,
en toch nog eenzaam blijven.

Zwemmen is een beetje bijna heilig zijn.

P. Snoek

De beste manier om iemand van een of andere gewoonte af te hel-
pen, is er voor te zorgen dat hij er genoeg van krijgt. Kinderen
die zich mogen masturberen doen het minder dan kinderen die het
niet mogen... De zogezegde slechte gewoonten zijn helemaal niet
slecht; het zijn natuurlijke neigingen. De uitdrukking 'slechte ge-
woonten' is het gevolg van onwetendheid en afkeer (...). „Wel,
hebt u nu gezegd dat het mag?" — „Ja", zei ze. „Wat hebt u
hem gezegd?". „Ik heb hem gezegd dat het aanraken van zijn
penis niet verkeerd maar wel kinderachtig is." Zij had het ene
verbod door het andere vervangen... Wat mij bij de ouders het
meest dwarszit is dat ze niet leren willen. Het grootste deel van
mijn werk bestaat erin de vergissingen van de ouders recht te

trekken (...). Het probleem van de masturbatie is een uiterst be-
langrijk punt in de opvoeding. De leerstof, de discipline, het spel
zijn vergeefs en zinloos zolang het probleem van de masturbatie
niet opgelost is. Wanneer de masturbatie van haar zondig waas
ontdaan is, stelt ze de kinderen in staat om tevreden, gelukkig en
actief te zijn, en de masturbatie als zodanig interesseert hen dan
in feite weinig.

Vertaald naar A.S. Neill

5. Ik voel me fijn bij jou. Ik vertrouw me toe
Tederheid met de andere(n)

Bevestigende waardering

De stilte, de naakte aarde, de gladde steen vinden, terugvinden.
Later, een zaadkorrel zien groeien, een vogel zien vliegen, de wind
en de zee horen.
Later, veel later, het eerste boek lezen, de eerste muziek horen, het
eerste dier strelen.
Nog later, de ander ontmoeten en weten dat de zo hervonden
eenheid het teken van de liefde is.

Anne Philippe, 'Spiraal', blz. 48.

De derde constituerende factor van het identiteitsplatform is de
tederheid met de andere(n). Zo wordt de kring van de relaties
vervolledigd. Net als bij de dingen en bij het eigen ik gebeurt
deze uitbouw met een opvallende geleidelijkheid. De groeiende
mens neemt ruime tijd om de nieuwe 'andere' binnen zijn vertrouwde wereld op te nemen. Eerst is er de ononderscheiden sym-
biose : het kind is in de moeder ingegroeid. Dan volgt het a-
part, de navelstreng is verbroken, de gebondenheid laat langzaam
los. De driehoek moeder-kind-vader wordt opgesteld. Zo ontstaat
het gezin. Het gezin in een buurt, een wijk, een dorp of stad.
Er komen vriendjes bij, later schoolkameraden, familie enz. Elk
van deze entiteiten heeft zijn eigen kwaliteit van aanwezigheid,
zijn eigen kansen van tederheid.
De andere geeft mij een mogelijkheid meer om tot mezelf te
komen, te worden wie ik ben. Ik, op mijn beurt, laat de ander zichzelf worden. Om echt menselijk te bestaan moet ik me kunnen
oriënteren aan de dingen, me fijn voelen in mijn eigen vel, maar
ik moet me ook fijn kunnen voelen bij de andere(n). Ik kan geen
enkele van deze drie uitsluiten, ze zijn wezenlijk. Maar het boeiende is wel dat elke mens andere accenten kan leggen.
Sommigen leven sterk betrokken met dingen, anderen zijn meer
aangewezen op zichzelf, weer anderen bouwen hun leven vooral

uit door relaties met één of meer mensen. Hun kwaliteit van aanwezigheid komt daar vooral tot uitdrukking.

In de relatiepatronen van onze cultuur wordt de laatste vorm veel hoger geacht dan de eerste twee. Deze worden beschouwd als een aanloop, hulpmiddelen voor de relaties met andere(n). Dit is geen juist inzicht.

De omgang met dingen en zichzelf kan even intens, ingrijpend, bevredigend en teder zijn als die met de andere(n). Het hangt af van de kwaliteit van aanwezigheid. Het is wél zo dat ze nog een dimensie extra is, dus meer kansen creëert en zo de mogelijkheid biedt voor andersoortige rijkmenselijke relaties. Hoe minder multidimensioneel (tederheid alleen met dingen, of alleen met zichzelf of alleen met de andere(n)) hoe groter het risico voor eenzijdigheid.

Hoe meer dimensioneel, hoe rijker mogelijkheden, maar ook hoe complexer.

Objectief gezien biedt de relatie met de andere(n) a priori geen garantie voor een betere kwaliteit van tederheid. Men moet deze gestalte geven door voortdurende verdieping, intensere betrokkenheid. Er is werk aan de winkel.

Vooraleer echte ontmoeting en tederheid met andere(n) mogelijk is, moet ik het instrument, het raakvlak voor die ontmoeting, nl. mezelf, fijngevoelig in al zijn dimensies reeds op weg hebben gezet. Tederheid met de andere(n) begint niet met de verliefdheid van twee partners... dan is het veel te laat. Er moet reeds een huis gebouwd zijn om te bergen : een vaste inwendige kern. Men moet reeds op weg zijn gegaan om geborgen te worden : verlangen naar overgave.

Tegenover dingen en mezelf moet er *vertrouwen* groeien.

Tederheid met de andere(n) is *toe-vertrouwen*.

Dit is, naar ons gevoel, het meest fundamentele : het aan de ander toevertrouwd zijn en dat de ander dit bevestigt. Het ja-zeggen op de aanwezigheid van de ander; aanwezigheid in al haar aspecten, gaven én hebbelijkheden, in ziekte en gezondheid... De tederheidsuitingen, waarover Ton Lemaire zo uitvoerig en knap schrijft, zijn de belangrijke tekentaal van een veel bredere onderstroom. Maar tederheid is geen middel; het is een manier van leven, een ingesteldheid.

Zo benaderen we 'tederheid met de andere(n)' vanuit de bevestigende waardering.

Dit geldt niet enkel voor het 'ja, ik ben hier', de lijfelijke aanwezigheid. Dit is als inhoud voor de tederheid te schraal. Het gaat om het inne-zijn, het toegekeerd zijn, van aangezicht tot aangezicht, over de bevestiging van de ander in zijn diepste eigenheid.

„Zolang de mens niet als goed onthuld is door de bevestigende liefde van de ander, blijft hij hangende in de streving naar verwerkelijking van zijn mogelijkheid tot psychische menswording; want de mens is pas mens in saamhorigheid met de ander en het andere. De bevestiging moet dan ook gezien worden als een fundamenteel goed in ons persoonlijk mens-zijn in onze samenleving. Zodra de mens bevestigd is door de ander kan hij en wil hij ook op zijn beurt waarde-onthullend en zingevend tegenover een ander mens en tegenover de hele wereld staan.

... Het leren zien en begrijpen van de bevestiging kan ons veel van wat zich in het leven toont als vreugde en leed, naar ik meen, beter doen begrijpen en plaatsen.

Wij zijn, dat is wel onaantastbaar waar, in ons gelukkig-zijn feitelijk geheel en al toevertrouwd aan de ons in liefde naderende ander, en zo is die ander alleen mijn absolute schenker en hij moet tot mij komen."

A. Terruwe, 'Geef mij je hand'. De Tijdstroom, Lochem, 1972, blz. 29-31.

Het klikt

'Ik voel me fijn bij jou' is een wonder gebeuren.

Soms is het onmiddellijk, een niet-verwoordbaar aanvoelen dat men zich goed voelt bij de ander. Men weet zich op slag veilig, de ander is onbepaalbaar deugddoend. Er vloeit spontaan warmte over.

Het moet wellicht te maken hebben met wederzijdse affiniteiten, gemeenschappelijke vibraties, gepolariseerde gevoeligheden. Van een dergelijk contact zeggen we : 'het klikt'.

Soms is het echter een langzaam groeiproces, een moeizame verkenning, een onzeker aftasten, een geduldig ontbolsteren, een trage ontdooiing...

Of soms is er het explosieve conflict, kortsluiting, afwijzing, agressie. Het klikt niet altijd.

Wat bepaalt er mijn positieve of negatieve betrokkenheid ?

Welke zijn mijn criteria van sympathie of apathie ?

Op wie word ik verliefd en voor wie ben ik allergisch ?

Een aantal criteria hanteer ik vanuit lichamelijk-psychisch vanzelfsprekende reflexen : ik voel me tot iemand aangetrokken of iemand stoot me af zonder dat ik dit bewust in handen heb. Het gebeurt 'aan mij', het overvalt me. Meestal is dit sterk lichamelijk geconditioneerd, naar ik meen.

Het is een leuk gevoel omdat het onberedeneerd en onbevooroordeeld is. Het komt vanuit een oer-aanvoelen.

Maar het is soms erg misleidend, omdat het noodzakelijk steunt op gevoelens, en de toets van onze redelijkheid nog niet heeft doorstaan.

Dit oer-aanvoelen, als gezonde eerste aanzet, geraakt meer en meer vertroebeld in onze maatschappij, omdat wij er minder op kunnen vertrouwen dat de ander ons authentiek tegemoet treedt.

Een reeks criteria worden ons stelselmatig opgelegd langs opvoeding en andere maatschappelijke druk.

De ontmoetingskansen, -plaatsen, -vormen, -frequentie enz. bepaal ik voor het grootste deel niet zelf. Er is een duidelijk voorafbepaald rollenpatroon. Enerzijds zijn er tal van 'dat doet men niet'-regels, anderzijds een aantal 'dat doet toch iedereen'-voorschriften als je met je tijd mee wilt, in de mode wilt zijn. Tot nog toe werkt het schoolprogramma eerder repressief tegenover de tederheidscultuur. Zij is meer confronterend dan ontmoetend, meer competitief dan gemeenschapsvormend, meer koel-abstraherend dan warm-concretiserend, meer intellectueel dan intuïtief, meer kritisch dan empathisch.

De maatschappij legt een bijzonder sterke nadruk op het erotische en consumptief hedonistische.

De school zwijgt tederheid dood : er is geen plaats en geen tijd voor. De maatschappij liegt door een nefaste eenzijdigheid. *De school zegt buiten, de maatschappij zegt uitbuiten.*

De belangrijke vind- en oefenplaatss voor tederheid was het gezin, bijna exclusief.

93

Nu ook het gezin meer en meer ontreddred wordt, is de enige vluchtplaats het onbeveiligde 'overal', het beangstigende 'nergens', m.a.w. geen enkel houvast.

De meeste mensen komen niet verder dan deze twee reeksen criteria, nl. de spontane reflex, de opvoedingsnormen en maatschappelijke druk.

Echte tederheid tegenover de andere(n) onderwerpt zich echter aan verdere criteria.

Wat ik als spontaan en automatisch voel opduiken, maar ook de rollenpatronen die me worden aangeleerd en/of opgedrongen, moet ik de toets laten doorstaan van mijn persoonlijke verantwoorde keuze. Het gaat erom voor welke kwaliteit van relaties ik kies. Het is goed dat ik dat onmiddellijk reflexe oer-aanvoelen aanscherp; het is een gezonde ondergrond. Maar het mag me niet beheersen, bedwelmen. Mijn 'verliefdheid' mag niet enkel steunen op gevoelens die me overvallen. Zonder mijn spontaneïteit te verloochenen, moet ik mezelf in handen krijgen om me als persoon aan een ander toe te vertrouwen.

Teveel relaties steunen enkel op deze allereerste oerreflex. 'Ik voel me fijn bij jou' moet de diepte krijgen van duurzaamheid, en de vastheid van verbondenheid. 'Verliefdheid' als oergevoelen is leuk en heerlijk menselijk, maar het is niet voldoende voor een blijvende relatie. Dan moet 'verliefd' nog worden uitgebouwd tot 'liefde'.

Ik moet ook de normen en regels, meegekregen met mijn opvoeding, kritisch verwerken. Dit betekent dat ik behouden en in me opnmen weet wat goed is en waarin ik me herken, waarin de beste kwaliteit voor mij haalbaar is, maar ook durf afstand nemen van normen die me niet bevrijden, me angst en achterdocht bezorgen. Hetzelfde geldt voor de maatschappelijke normen. Ik mag me niet laten drijven op mode en ontvankelijk blijven wat deze tijd me aanbiedt...

Dat is nu juist het moeilijke op het gebied van relaties : waar vroeger niets mogelijk was en niets mocht, is er nu de even beklemmende ruimte waarin alles mogelijk is en alles mag. En dat kan niet, beide zijn een impasse.

94

Kwetsbaarheid

Ik zal daarom op zoek moeten gaan naar nieuwe normen, nieuwe vormen, nieuwe inhoud voor relaties. Ik kan dit niet op eigen houtje. Het is zoeken van een harmonie door mij in voeling met anderen. Mijn geweten, mijn engagement, mijn overtuiging, mijn geloof zullen hierbij hun eigen inbreng hebben. De kwaliteit van mijn relaties zal bepaald worden door wat ik wil inbrengen, wat ik laat meetellen van mijn kant uit.

Laat ik mij raken, ben ik aangeraakt, aan-gedaan ?

Wat doe ik de ander aan, ge-raak ik bij de ander, tref ik raak ?

Maar even belangrijk is ook hoe ik me wil inleven in wat de ander mij aanreikt, m.a.w. welk is mijn empathisch vermogen ?

Dit is het probleem van wat ik graag benoem als 'kwetsbaarheid'. Elke mens kan zich al dan niet openstellen voor de ander of zich afsluiten. Hij wil ontvangen of niet bereikbaar zijn.

voordat ik bomen zag
de hazelaar in bloei en kou
de steeneik de kastanje
zag ik jou.

Mijn zusje mijn geliefde
mijn verre vriend
mijn hart is aan
mijn naastetje wat heb ik jou
wat heb jij mij gedaan.

Huub Oosterhuis

Kwetsbaarheid brengt risico mee. Men kan gekwetst worden. 'Kwetsbaar-zijn' is een menselijke bestaansconditie, het is ofwel gegevenheid ofwel bewuste keuze. 'Gekwetst-zijn' overkomt de mens, het is een accident.

Kwetsbaar zegt : gaaf maar breekbaar, ontvankelijk maar bekwaam tot antwoord, gevoelig maar weerbaar. Het stemt de mens af naar buiten. Zijn eigenheid staat in wederkerigheid met buiten. *Het is schragend.*

Gekwetst zegt : pijn, verdriet, ontgoocheling, bedrogen-zijn, gebruikt zijn. Het trekt de mens naar binnen, naar zichzelf. Hij wordt hulpeloos, machteloos. *Het is schrijnend.*

Mijn kwetsbaarheid moet essentieel geborgen zijn bij de ander, mijn toevertrouwen moet steunen op vertrouwen.

Zoniet, dan ben ik gekwetst.

Dit veronderstelt een langzame groei, aftasten, elkaar leren kennen, ontmoeten. Het veronderstelt grensgevoel, eerbied, schroom. Het veronderstelt ook voorzichtigheid.

In hoeverre ik me mag prijsgeven, blootgeven en in hoeverre ik me moet beschermen wordt door deze deugd bepaald.

Belangrijk is wat voor mij 'haalbaar' is en beste kwaliteit blijft.

Niet haalbare kwetsbaarheid is roekeloosheid. *Ik snap dit niet*
Niet-kwetsbaar-willen-zijn is onbereikbaarheid. ?
Haalbare kwetsbaarheid schept vertrouwen. ?
Niet-haalbare kwetsbaarheid schept wantrouwen.

Veel jonge mensen stellen zich roekeloos kwetsbaar op in tederheid met de andere(n), wellicht uit reactie tegen een tijd waarin men hard, liefdeloos, ongevoelig en onbereikbaar was, en opgepept door een maatschappij die er munt uit slaat. De mens kan zijn kwetsbare bestaansconditie afschermen, inmetselen. Vorige generaties, getraumatiseerd door oorlogen, ontgoocheld in geloof, gezag en idealen, hebben zich onkwetsbaar opgesteld en hun heil gezocht in materiële bevrediging eerder dan in menselijke relaties. In deze betonnen wereld wilden jongeren weer bloemen planten, tegen het bloedrode van agressie wilden ze weer zachte pasteltinten, tegen de efficiëntie wilden ze 'la fantasie au pouvoir'. Verkleinwoordjes. Lessen in lief zijn. Cursussen en sessies om de miskende en verwaarloosde dimensies van lichamelijkheid en sensitiviteit te exploreren (Fr. Cromphout, o.c., p. 181). Deze fladderende, vlinderende roekeloosheid blijft doorgaans doelloos, alleen gericht op vluchtige liefkozing. Het is onpersoonlijke onherkenbaarheid, huid zonder aangezicht, samen-zijn zonder aanwezigheid.

Soms is het ziekelijke vlucht; soms is het hartstochtelijk grijpen wat men zijn leven lang moest missen. Beide zijn schrijnend in hun machtelooheid.

in allerlei voorlichtingsboeken en hoe weinig er geschreven is over niet-coïtale tederheidsvormen.

De waarden moeten precies omgekeerd worden : eerst een rijke kwaliteit en grote basis van tederheidspatronen, en in dit grote geheel, als één van de keuzemogelijkheden, het coïtaal gedrag.

Kenmerken van mythologiseren zijn vaagheid, geheimdoenerij, ritualisering, klassevorming. De mythe van het coïtaal gedrag hield deze eigenschappen streng in stand.

Hoeveel mensen zijn niet onwetend en met valse verwachtingen in het huwelijksbed gestapt, aangezogen door de kracht van de magische wereld van het slaapkamergeheim, gefascineerd door wilde verhalen over dit aards paradijs ? Uiteindelijk behoorden ze dan tot de klasse die het mocht of die het kon. Met alle mogelijke middelen werd dit gedrag geritualiseerd in precieze voorschriften, wat wel moest en niet mocht.

Het zou een enorme stap vooruit zijn indien tederheid zou ontkoppeld worden van genitaliteit, althans zich bevrijden en ontvoogden van dit juk. Tederheid is onvrij geweest, zat gevangen en te verkommeren. Noch binnen noch buiten het huwelijk kreeg ze haar kans.

Het diskrediet van het huwelijk als statussymbool, de ontdekking van de waarde van elke unieke persoon, de emancipatie, de erkenning van bepaalde marginale groepen, veranderde opvattingen over seksualiteit en de gevoelswereld, de mogelijkheid om vruchtbaarheid zelf te regelen, veranderde morele gevoeligheid, grotere mondigheid enz. hebben tederheid bevrijd en nieuwe ruimte gegeven. Nu ze in volle vrije lucht staat, zal het er op aan komen kwalitatief sterke en deugddoende vormen te scheppen, die aan alle mensen, ook de minderheidsgroepen, kans geven om gelukkig te zijn in hun, zij het soms beperkte, mogelijkheden.

b. Het verhaal van elke mens

Elke mens heeft zijn eigen verhaal. Elke mens *is* zijn verhaal. Zijn unieke oorsprong, zijn originele samenstelling, zijn eigen levensweg, zijn mogelijkheden en grenzen. Tederheid is zó aanwezig te mogen zijn en bij het zó-zijn van de ander aanwezig zijn. Hier begint elke mens zijn verhaal te leven. Hij gaat kiezen. Blijf ik een-zaam of meer-zaam ?

Elke mens is in wezen eenzaam, maar hij kan kiezen om die een-zaamheid te bestendigen of ze met andere(n) te delen.

In die keuze wil hij de kwaliteit van zijn aanwezigheid bij dingen, de andere(n) of de Andere vorm geven. Elke keuze is even waar-devol als men hierin maar zijn mens-zijn het rijkst tot ontplooiing kan brengen.

Een-zaam kan betekenen 'alleenstaande', soms gewild, soms ge-dwongen door omstandigheden. Het hoeft niet te betekenen af-gesloten van de anderen, maar gewoon dat ik zonder partner door het leven stap. Misschien zal een alleenstaande meer accent leg-gen op tederheid met dingen of met zichzelf, maar hij kan ook echte tederheid beleven met andere(n).

Alleenstaanden wonen soms meer-zaam in een leefgroep. Zij vin-den bij elkaar veiligheid en trachten zich op deze manier te wa-penen tegen vereenzaming. Vroeger zou men hen met de vinger hebben gewezen en verdacht van homoseksualiteit en promiscuï-teit.

zusters pater
broeder religieus zijn

Een-zaam kan ook betekenen 'god-gewijd'. Deze keuze legt een uitdrukkelijk accent op de Andere. Zij vindt haar zin in degene die aan de oorsprong ligt van de dingen, van zichzelf en de an-dere(n). Het kan dus nooit goed zijn dat men deze laatste drie misprijst of vlucht om exclusief de Andere te ontmoeten. Het is ook niet noodzakelijk dat men zich exclusief aan de Andere moet geven. Er zouden vormen moeten worden toegelaten, waarin combinaties van accenten mogelijk zijn.

leven in een klooster als zuster, broeder of pater

Waarom zou men niet godgewijd kunnen zijn in verbondenheid met een andere ? Het is niet goed dat godgewijden zich het al-leenrecht toeëigenen voor echte tederheid met de Andere. Men kan zich als koppel even goed aan God wijden, zich in wederke-righeid aan de Ander toevertrouwen en anderen laten delen van deze ontmoetingsgenade.

Sommige god-gewijden leven meer-zaam in een communiteit, met enkelen of velen samen in een huis of klooster.

!

Sommigen leven ook meer-zaam in de zin van een relatie met een parter, in vriendschap of zoekend naar een nieuwe weg. Zij wil-len het echt zinvolle van hun god-gewijd-zijn beleven samen met

Teder-zijn in attenties : zonder berekening, naar de smaak van de ander, tegemoetkomen aan andermans voorliefdes, gehorig, gevoelig.

Teder-zijn in woorden : lieve dingen zeggen, met mooie taal, met betekenisvolle gebaren, met zwijgen, met takt en discretie.

Teder-zijn met partners van het ander geslacht : in grote voorzichtigheid, in onbevangenheid, zonder seksuele aanhalerigheid, de oorspronkelijke relatie bevestigend, eerbiedig voor hun elkaar toebehoren, hen bevestigend in hun anders-zijn.

Teder-zijn in zijn blik en in het aanraken : met zachtheid, zonder tot object te maken, zonder te benemen of te bevangen, vrijlatend, beheerst.

Wij moeten weer leren de ander deelgenoot laten zijn van wat ons beweegt, zonder nochtans onze eigenheid te verliezen, deelgenoot laten zijn van onze zorgen, pijn, verwachtingen. We moeten afleren om steriel en viriel alles op te kroppen.

Dit veronderstelt dat we ons kunnen en willen uiten, gevoelens tot expressie brengen, woorden vinden, mimiek.

Weer leren wenen, lachen, stil en uitbundig zijn... het hele gamma ontmoetingsmateriaal.

Wij moeten weer leren deelgenoot worden van wat er in de ander leeft : empathisch vermogen ontwikkelen, takt, bescheidenheid, geduld, de kunst van het zwijgen en het luisteren.

Wij moeten weer durven troosten : geestelijk én lichamelijk aanwezig durven zijn bij het verdriet van de andere(n).

Een hand vasthouden van een bange zieke, een schouder bieden om tegen te leunen, een schoot om tot rust te komen en te bergen. Sussend durven zoenen, helend durven strelen, beschermend durven omarmen. Het zijn totaal anders gerichte gebaren dan erotisch liefdesspel.

Soms is het goed, bevrijdend en verlossend iemand te ontmoeten bij wie men veilig zijn verdriet kwijt kan. Het is diepmenselijke genade.

Wij moeten weer leren feesten, samen tafelen, dansen en vieren. Het feest is bij uitstek een vindplaats van tederheid. (Helaas meestal in onze samenleving een stortplaats van slechte kwaliteit aanwezigheid !). Het draagt als basis verbondenheid, het brengt uiteraard mensen samen om een reden die hen gezamenlijk bindt en boeit. Op een feest kan en mag meer dan op een alledaagse dag. Elk feest wil verwelkte tederheid opnieuw doen herleven. Het is hernieuwing.

Wij moeten weer durven herkennen : het dagelijkse hartelijke gebaar, de morgengroet, de bezielde handdruk, de vlugge zoen, maar ook de onstuimig gelukkige omhelzing na lange afwezigheid, de spontane roep van tevredenheid, van verrukking.

Wij moeten weer leren zeggen 'Ik voel me goed bij jou' in een zoen, een streling, een omarming, een gesprek, een bloem, een geschenk, een onooglijk gebaar als duidelijk teken van deugddoende aanwezigheid.

Wat zijn we bang van onszelf en bang van de ander !
Laten wij het doen, deze taal.
We kunnen beter sterven van liefde, dan dood gaan aan tederheidsleukemie. Het eerste levend, scheppend, het tweede dodend, kankerend.
Laten wij het doen, deze taal,
met de voorzichtige omgang voor alle fijne dingen
het ritme van elk authentiek gebaar
zoekend naar de juiste harmonie
naar het geschikte ogenblik,
zonder overhaasting,
met schroom.
Schroom is deze houding die in diepste eerbied
de eigenheid van de ander huiverend naderkomt.
Het is geen angst, maar onbevangenheid tegenover dit leven.
Het is behoedzaamheid voor alles wat broos is en breekbaar.
Het is openheid op het mysterie van elk leven en gebeuren.
Het is voorzichtigheid om ongevraagd niet te bezitten.
Het is heilige afstandelijkheid.
Het is besef van uitdrukkelijke aanwezigheid, van oproep.
Het is zwijgend antwoord op dit appel.

Elke tederheid zit boordevol schroom.
Het spel van vraag en gave, verhuld en onthuld,
'kwetsen' en helen, strelen en afwezigheid,

108

is een schroomvolle fijngevoeligheid.

Schroom is de aanvoelingskracht van de ander;

tederheid is de expressieve verwoording,

gestalte en gebaar geven aan dit aanvoelen.

Wie schroomvol wil zijn staat ontspannen gespannen,

rustig beroerd met zijn in- en uitwendige zintuiglijkheid afgestemd op elk gebeuren, elke uitnodiging en wenk, op de gehele persoon. De intensiteit van zijn tederheid is het antwoord om diepmenselijk te beamen.

6. *Ik voel me fijn bij jou : gij draagt me*
Tederheid met de Andere

Gegrift in de palm van mijn hand

Voor gelovige mensen is de dragende grond van hun identiteits-platform en de zingever van hun relaties de Andere, Hij die is, God. Hij staat aan het begin en aan het einde, alfa en omega.

Augustinus schrijft : 'Deus intimior intimo meo', God is me meer eigen dan ikzelf ben; hij is me dwarsdoor nabij; hij is zó in me thuis, zó intiem, dat ik het niet verstaan kan.

Hij is in mij mysterie van aanwezigheid.

Tederheid tegenover dingen, zichzelf, de andere(n) monden uit of worden gelovig gedragen door de tederheid van God.

Het christelijk geloof is het bijna ongelooflijk verhaal van een tedere God. Er is geen godsdienst waar de relatie god-mens zo'n teder gezicht heeft gekregen, zo'n vanzelfsprekende aanwezigheid verzekert, zo wederkerig bevestigend is :

„Zoals een vader teder is voor zijn kinderen,
zo ook Jahwe voor wie Hem vrezen..." Ps. 103

„Kan een vrouw soms haar kindje vergeten,
niet teder zijn voor de zoon van haar schoot ?
En al zou ook zij het vergeten,
Ik, Ik vergeet u nooit !
Zie, Ik heb u gegrift in de palm van mijn hand..."

Jes. 49, 14-16

„Neen, ik voel mij zo klein,
en beeld mij niets in;
zoals de zuigeling aan de borst van zijn moeder,
ben ik een kindje voor U". Ps. 131, 2-3

„Zie, daarom zal ook ik haar lokken,
haar brengen in de woestijn, en spreken tot haar hart."

Hos. 2, 16

met de vraag : 'Waar woont God ?' Ze lachten om hem : 'Wat praat ge : De wereld is toch vervuld van zijn heerlijkheid !'

Hij echter beantwoordde zijn eigen vraag : 'God woont daar waar men Hem toelaat.' Dat is het waarop het uiteindelijk aankomt : God toelaten." (Martin Buber)

Wij hebben de openbaring van een nieuwe wereld, van liefde en tederheid, ontoegankelijk gemaakt door wetten en voorschriften. Nochtans bracht God ons in Jesus van Nazareth de sleutels van dit nieuwe koninkrijk. Zijn nieuwe boodschap was ondubbelzinnig : Hebt elkander lief, zoals ik U heb liefgehad.

Hoe had hij ons lief, welke was de kwaliteit van zijn aanwezigheid bij ons ?

Als een kind kwam hij, hulpeloos en zonder macht.

Als zoon van een arme timmerman; marginaal groeide hij op in bevalligheid.

Hij ging als alle mensen door het water van de doop.

Hij was een zwerver die onderwees met gezag.

Hij nam kinderen op zijn schoot,

zat aan aan feesttafels en bij vrienden,

praatte verlossend tot laat in de nacht,

zoende en liet zich zoenen, door een publieke vrouw nog wel,

raakte bevrijdend mensen aan, doden en zieken,

troostte mannen en vrouwen,

vertelde originele creatieve verhalen.

Hij hield van alleen-zijn, rust en gebed.

Hij had open oog voor het leven van de natuur.

Hij liet kracht van zich uitgaan, sterke betrokkenheid.

Hij liet vriendschap blijken en warme genegenheid :

wenend bij de dood van Lazarus;

dankbaar voor de genoten gastvrijheid,

aan de leerling die door hem bemind werd,

aan de apostelen bij het laatste avondmaal.

Door alles heen hield hij van de Vader,

die altijd aanwezig was.

Hij was door mensen bewogen,

vooral door hen die belast en beladen waren.

Hen wilde hij troosten, hun lasten op zich nemen.

Wie hongerig was, dorstig, vreemdeling, naakt, ziek en gevangen,

daar herkende hij zich in.
Hij wilde verkwikkend water zijn,
weg, waarheid en leven.
Hij zei uitdrukkelijk : 'Ik wil dienaar zijn'
en waste de voeten van zijn vrienden als liefdedienst.
Zo gaf hij zich helemaal tot in de dood toe.
'Niemand heeft groter liefde dan hij die zijn leven geeft voor zijn vrienden.'
Zelfs stervend was hij nog verzoenend.
Over de dood heen blijft hij aanwezig.
De verrijzenisverhalen ademen een wondere sfeer van betrokkenheid, wederkerigheid, bevestiging.
Wat een haast, wat een vaart in de lange wedloop van Petrus en Johannes, wat een uitdrukkelijke vriendschap !
Wat een zachtheid, wat een intense herkenning in het Rabboni-Maria !
Wat een indringende heilige aanraking van Thomas !
Wat een geruststelling in het 'Sjaloom. Vrees niet. Ik ben het !'
Wat een heilende, helende warmte voor het koude hart van de Emmausgangers.
Wat een vanzelfsprekend silhouet, vuur, brood en vis aan de rand van het meer. Wat maakt hij het hun gemakkelijk, wat stelt hij hen gerust met deze eenvoudige herkenbare gebaren !
Zij mogen God betasten, voelen, zoenen, vasthouden.
Pasen is niet alleen het feest van aanwezigheid, maar van een bijzondere kwaliteit van aanwezigheid. Het is warmmenselijke attentvolle, tedere aanwezigheid.
Pasen is niet het feest van een overweldigende, zegevierende God, een schitterende helle verblindende Fenix, maar de God-definitief-met-ons, de kleine God met kleine mensen, de God van vlees en bloed, van brood en vis, de herkenbaar gewone mens. Middenin staat hij die gij niet kent.

Van God houden

Voor mij is dit iets nieuw :
dat ik van God mág houden.

Ik had het gevoel dat ik van hem moest houden.
Het was een plicht,
iets waar men nu eenmaal niet buiten kan,
dat je overal vervolgt of op de loer ligt
om je te vinden en te achterhalen als je het niet doet :
het magische alziende oog,
de feilloze universele radar.
Ik had het gevoel te moeten houden van een God
die ik niet liefhad, die niet lief was.
Een God die er op uit was
om voortdurend in het middelpunt van de belangstelling te staan
— verwend door de mensen —,
om bewierookt, geëerd, aanbeden, gevierd te worden.
Een God die op een voetstuk wil staan.
Een jaloerse God, die de mensen voor zich alleen opeist,
exclusief en rechtstreeks.
Die alle middellijke liefde als ersatz ziet.

Die God gaf me niet het gevoel dat hij eigenlijk van mij hield.
Hij hield van mij op voorwaarde dat ik van hem hield.
Hij was superieur.
Hij had het eerste en laatste woord.
Ik had het gevoel dat ik zijn liefde met zovelen delen moest : hoe
zou zijn tederheid mij dan persoonlijk kunnen raken ?

Dikwijls had ik de indruk dat hij een rem voor me was :
ik durfde dingen niet doen uit vrees,
bang iets mis te doen.
Het is niet erg stimulerend en aanmoedigend te moeten houden
van iemand die alles kan, die alles perfect doet,
die de volmaaktheid zelf is.
Dat maakt zo onbereikbaar.

Er zijn nog veel dingen waardoor ik het gevoel had
te moeten houden van een God waarvan niet te houden valt.

Nu besef ik dat ik van God houden mag
en dat hij van mij mag houden.
Ik laat hem toe en vertrouw mij toe.

Hij is mens geworden.
Geen God van plicht, maar van uitnodiging
geen God van angst, maar van vrede.
Ik kan hem raken, voelen, troosten, kleden
want hij is te ontmoeten in de straat,
op mensenmaat,
op gelijke hoogte, van aangezicht tot aangezicht.
Er valt mee te praten,
soms moeilijk, soms prettig.
Het is een adembenemende ontdekking
dat je van God mag houden zoals je van mensen houdt,
in een huis van mensen,
met gewone-mensen taal,
met gewone menselijke gebaren,
in een natuurlijk gevormde groep mensen,
rond ervaringen van mensen.

Het is een wonder hoe zo'n samen-zijn
de grenzen van de persoonlijke ervaring overstijgt.
'Ik voel me fijn bij Jou'
wordt dan een gemeenschappelijke herkenning
van de wortels van mijn bestaan
en de uiteindelijke zin van mijn leven,
samen met anderen,
want Hij draagt ons.
Hij blijft aanwezig als de tedere God
omdat we gegrift staan in de palm van zijn hand.

En God sprak :
Dit is het teken van verbondenheid
dat Ik sluit voor alle geslachten, die komen,
tussen mij en tussen u,
en alle levende wezens, die bij u zijn :
Mijn regenboog span Ik in de wolken,
als een teken van verbondenheid
tussen mij en de aarde !

Gen. 9, 12-13.

III. opvoeden tot tederheid

Te vlug

Wij ontmoetten elkaar
jij sprak me aan
te vlug
Te vlug omarmde
je mij
vond jouw mond de mijne
te vlug...
Streelden jouw handen
mijn lichaam
vertrouwde ik me aan
jou toe
was onze verliefdheid begonnen,
te vlug onze verliefdheid
voorbij

(N)

Inleiding

Het is moeilijk te schrijven over opvoeding tot tederheid, omdat de opvoeding in zijn totaliteit in een impasse zit. Het gezin verliest angstwekkend snel haar opvoedend impact. Zowel de school als de invloeden van 'derde milieus' eisen het leeuwenaandeel van tijd en aandacht.

De school is afgestapt van haar roeping als totaal-opvoeder en is onderwijsinstelling geworden.

De 'derde sector' zit in handen van mensen die geen pedagogische maar economische belangen voorstaan.

Het forum van opvoeders is niet open voor dit aspect van de totale persoon om verschillende redenen.

Sommigen rekenen het niet tot hun taak : ouders schuiven het af op de school, de school vindt dat zij niet alles kan doen.

Sommigen erkennen het niet als een onderdeel van het leerprogramma. Er is bijgevolg geen tijd voor. Wie het toch wil doen, moet het stiekem stelen of heimelijk binnensmokkelen, ten koste van andere schoolvakken.

Sommigen bekennen ronduit dat zij er niet toe opgeleid zijn, zich volkomen onbekwaam voelen. Zij behoren zelf tot de generaties, voor wie tederheid, seksualiteit, relatiebekwaamheid nog in de mist zitten. Zij vinden ook nergens bijscholingsmogelijkheden. Weer anderen wensen zich niet te wagen op dit terrein : het is te indringend, het brengt ipso facto een kwetsbaarheid mee van de eigen persoon, andere vormen van contact dan de gangbare verhouding leraar-leerling. Zij voelen er niets voor hun reeds moeilijk te behouden gezagsposities bloot te stellen aan relatie-experimenten. Zij wensen de rustige schoolsfeer niet te ondermijnen met explosief materiaal.

Sommigen blijven principieel op hun standpunt staan dat de school geen instituut is voor relatietraining, maar van kennisoverdracht. Het is een taaie, onverwoestbare idee dat 'opvoeding van bekwaam worden tot relatie' eigenlijk een onbelangrijk randfenomeen is. De school moet zich bezighouden met intellectuele en beroepsvorming. De rest is een modische luxe, die wel vanzelf resulteert uit degelijk onderwijs, of met de fysische rijping vanzelf tot groei en bloei komt.

119

Bijbrengen van leerstof is al moeilijk genoeg; laat ons de dingen niet nog compliceren met relatieproblemen.

Scholen zijn tederheidsvijandig, omdat leren een harde sobere gedisciplineerde bezigheid is en tederheid wordt aangezien als week, afleidend, irrationeel. Ze vertroebelt de zo noodzakelijke rustige gemoedsgesteltenis door turbulente en niet controleerbare gevoelens.

Scholen zijn ook tederheidsvijandig omdat hun methodes steunen op competitie, concurrentie en individualisme. Op deze drie pijlers juist steunen de relatieschema's van onze samenleving. De scholen bestendigen onze maatschappij en leren de kinderen en jeugdigen zich in het geheel aanpassen.

Scholen zijn tederheidsvijandig omdat zij bij uitstek plaatsen willen zijn van rationaliteit, terwijl tederheid tot het domein van het irrationele zou behoren. Men wil het *weten* honoreren, maar het *beleven* zoveel mogelijk uitbannen. Seksualiteitsbeleving is in dit kader daarom volkomen ondenkbaar. Hoe zou men zoiets operationeel kunnen maken, onderwerp van onderwijs ? Men beperkt zich daarom bewust tot informatie, nl. genitale voorlichting. Om elke concrete relatiebeleving buiten het leerprogramma te vermijden, houdt men de beide seksen zorgvuldig gescheiden.

Als vanzelfsprekend valt deze informatie binnen de vakken biologie en catechese of moraalwetenschap. Tevens is duidelijk hoe men denkt : seksualiteit is een kwestie van fysio-anatomie of moraal, of resorteert onder... de parascolaire activiteiten. Kortom : er is eigenlijk geen gesystematiseerde opvoeding van bekwaamheid tot relatie, geen methodiek voor kwaliteit van omgang.

Wat er gebeurt is stuksgewijs, ongecoördineerd, en vooral : binnen de bestaande opvatting over opvoeding is het een doodgeboren kind.

„Nu er door de onderwijsvernieuwing pogingen worden gedaan om ook de affectieve en sensorimotorische ontwikkeling te stimuleren, ervaart men dagelijks hoeveel moeite, haast zou ik zeggen vergeefse moeite, dit vraagt. En buiten enkele attitude-duidingen en attitudeveranderingen blijft het een mager beestje. Van de vooropgestelde integrale persoonlijkheidsvorming komt maar weinig in huis" (G. Lambrechts).

De belangrijkste bekwaamheid in ons leven, nl. het leggen van kwalitatief sterke en deugddoende relaties tegenover dingen, zichzelf, andere(n), hebben we versmald tot het weten. Al de rest laten we over aan blinde toevalligheid.

Wij zijn niet alleen 'eenzame' samenspelers, maar toevallige ontmoeters, blinde passagiers bij elkaar.

1. Voorafgaandelijke voorwaarden

Om een begin te kunnen maken met opvoeding tot tederheid, moeten er eerst een aantal voorwaarden vervuld worden.

1. Het wordt de hoogste tijd dat we weer gaan *geloven in opvoeding*.

We hebben 'opvoeding' verwaarloosd en alle heil verwacht van 'onderwijs'. Leerstof werd belangrijker dan leefstof. Weten bevordert de efficiëntie, het rendeert. Ge-weten stelt andere maatstaven, het waardeert. We weten niet meer wat blijvende waarde heeft; we leven voor schijnwaarden.

Opvoeding omvat de totale mens in al zijn aspecten : religieus, gevoelig, lichamelijk, cultureel, verstandelijk, sociaal, enz.

Eenzijdige overaccentuering van het intellectueel-verstandelijke is de slechtste ondergrond voor de tederheid, omdat deze slechts kan leven vanuit de totale rijkdom van de persoon. Alle relatiebekwaamheid verstikt door schraalheid. Dit betekent dat er een grondige verandering moet plaatsgrijpen in verdeling van de tijd. Het typische onderwijs in de vorm van kennisoverdracht moet worden ingeperkt, zodat er tijd en ruimte vrijkomt voor de niet-cognitieve aspecten van de mens. Wij denken aan de wereld van gevoelens, intuïtie, communicatie, creativiteit, relatie, expressie, zintuiglijkheid en zinnelijkheid, contemplatie enz.

Er zal dus meer plaats moeten zijn voor beleving en ervaring. We willen ons er echter voor hoeden in een averechtse eenzijdigheid te vervallen door het uitbannen van het verstand en de intellectualiteit. Wij pleiten juist voor een nieuwe harmonische proportie. Die is in het huidige opvoedingsgeheel ver te zoeken.

2. We moeten weer gaan geloven in *de waarde en de verantwoordelijkheid van het gezin*. Ook díe zijn we kwijt.

Veel ouders hebben de eigen opvoedingskansen van zich afgeschoven en in handen gespeeld van de school. Er was veel eigenbelang bij, maar ook veel onmacht. Enerzijds wilden zij hun handen vrij hebben voor de welvaartsrun van onze maatschappij, voor de eigen emancipatie. Een soort opvoedingsvermoeidheid overviel het Westen. Anderzijds stonden zij heel bewust hun opvoedingsrechten af uit een gevoel van groeiende ondeskundigheid. Opvoeding evolueerde meer en meer naar het onderwijs; dit behoorde gedaan te worden door experts. Van leraren werd verwacht dat het vakmensen waren, secundair slechts opvoeders. Ouders voelden zich meer en meer onbekwaam. Dikwijls verloren ze alle voeling met hun kind en stonden ze ver van die vreemde deskundige school.

Dat was ook precies wat onze maatschappij vroeg : deskundigen. Zo ging de school meer en meer tijd opeisen voor datgene wat men van haar eiste, nl. jonge mensen opleiden, op zo hoog mogelijk niveau, tot deskundigheid.

De vicieuze cirkel was rond.

Het kost én de school én het gezin enorm veel moeite om opnieuw het eigen specifieke terrein te vinden en elkaars noodzakelijke complementariteit te erkennen.

Er was nog een andere reden voor het diskrediet van het gezin : men was het moegeleefd en men was er op uitgekeken.

Het gezin was lange tijd de enige erkende leefvorm. Toen er een grotere mobiliteit kwam van ideeën en leefvormen, kreeg het gezin flinke deuken. Het is zich nauwelijks hiervan aan het herstellen. Hieruit volgen duidelijk twee conclusies : het moet voortaan naast zich andere leefvormen dulden en het moet opnieuw zijn intrinsieke waarde bewijzen.

In de opvoeding tot tederheid is kwaliteit van warmmenselijke aanwezigheid van essentieel belang. Wij menen dat dit binnen het gezin, vooral in de eerste levensjaren, het meest gegarandeerd wordt.

Dit betekent dat ouders weer willen zélf opvoeden, m.a.w. dat ze bewust willen aanwezig zijn. Het is duidelijk dat dit in het moderne leefpatroon consequenties meebrengt.

3. Men zal in opvoedingsmiddens, inzonderheid in gezin en meer nog in scholen, moeten *afstappen van de valse opvatting over 'volwassenheid'* (zoals we beschreven in hfst. 1. par. 2). 'Volwassen' is men niet vanaf een bepaalde leeftijd. Het is relatief tegenover de mogelijkheden van elke mens. Een kind of jeugdige kan dus perfect harmonieus volwassen zijn, maar dan zoals een kind of jeugdige dit kan zijn.

De huidige opvoedingsmentaliteit is veel te bevoogdend. Ze stelt alles in het perspectief van de te bereiken 'volwassenheid'. De 'volwassen leeftijd' krijgt zo het stempel van het enig waarde-volle, volmaakte, de moeite waard. Al het andere is onvolmaakt, onvolgroeid, onvolwassen, onrijp, niets waard... Kind en jeugdigen worden zo geleerd te hunkeren naar dit soort volwassenheid en niet naar de uitbouw van hun persoonlijkheid op elk moment van hun leven. Zij leren niet dat volwassen worden een opgave is die het gehele leven duurt. Slechts vanuit een veranderde 'volwassen-heids'-opvatting kunnen kinderlijke en jeugdige tederheidsvormen op hun eigen waarde geschat en gewaardeerd worden. Ze hoeven niet eenzijdig en overspannen gericht te staan op de man-vrouw relatie. Volwassenworden in relatiebekwaamheid heeft immers zijn eigen karakter en 'Sitz im Leben' in elke leeftijdsfase.

„Elk lid van het lerarenkorps en elk kind, om het even hoe oud het is, heeft een stem. Mijn stem heeft niet meer gewicht dan die van een zevenjarige." (A.S. Neill)

Ook elke seksuele ervaring, zij het van een kind of van een 'vol-wassene', heeft haar eigen 'stem', haar vol-waardigheid.

4. Men zal binnen de opvoedingsstructuren dringend *de lichame-lijkheid moeten erkennen* als een belangrijke constituante van de mens, en naar methodes zoeken voor gesystematiseerde lichaams-beleving.

De wijze waarop het lichaam in de opvoeding behandeld wordt is schrijnend. Er bestaat op dit vlak geen enkele didaktiek. Men ziet er gewoon de noodzaak niet van. Het lichaam blijft broer ezel, wiens luiheid en halsstarrigheid moeten onderdrukt worden. Daar-om is een elementaire fysieke training nuttig en sport een goed hardingsmiddel en een ontspannende afleiding. Veel verder staan we niet. Elk bezig-zijn met het lichaam, in welke vorm ook, blijft in het teken staan van een hoger geestelijk vermogen. Lichame-lijkheid is de nederige dienaar van de alvermogende geest. De dua-liteit blijft diep geankerd zitten, zij het niet meer op het vlak van de filosofie, dan toch in de concrete toepassing.

Lichaams*beleving* geniet een nog grotere achterdocht. Ze wordt immers onmiddellijk gekoppeld aan seksualiteit. Nu zou men mo-gen verwachten dat onze scholen — die jongeren willen voorbereiden op de bestaande maatschappij — hen zouden inwijden in de seksualiteit, want die maatschappij is er vol van. Het blijft echter bij de elementaire weet-informatie. Dit bewijst dat men met seksualiteit geen raad weet.

Er bestaat een enorme nefaste ambiguïteit in de scholen : enerzijds wordt over lichaamsbeleving en seksualiteit in alle talen van officiële kant gezwegen, anderzijds zit het de jeugdigen in het bloed, ligt het op hun lippen en is het een belangrijk deel van hun groei.

Aan het beeld dat zij meekrijgen via pers, radio, televisie, en aan de onvoorstelbare invloed, die uitgaat van de ontspanningssector, gebeurt er geen enkele gegronde correctie.

Men kan zich hierbij een aantal vragen stellen.

Vindt men lichaamsbeleving en seksualiteit niet belangrijk genoeg als leer- en leefinhoud ?

Kan men de problematiek niet aan door eigen onrijpheid, door een onklaar zicht op seksualiteit ?

Mag men het niet aanpakken wegens morele druk ?

Kan men het didactisch in geen vorm gieten ?

Is het een technisch probleem, nl. overladenheid van leerprogramma en dus gebrek aan tijd ? Het is dan een kwestie van prioriteiten.

5. We zullen dringend moeten werken aan begrips-uitzuivering, woordgebruik en verdieping.

Seks, seksualiteit, genitaliteit, tederheid worden door elkaar gebruikt. Men zal nooit kunnen komen tot een rustige en ruime integratie van de lichaamsbeleving als deze begripsverwarring blijft bestaan. *Seksualiteit omvat meer, dan samen naar bed gaan. Dit hoort er wezenlijk bij, maar is niet het enige wat het leven inhoud geeft.* Lichaamsbeleving moet dringend ontdaan worden van haar identificatie met het seksueel-genitale (zie hfdst. 1 par. 3). Wij willen duidelijk stellen dat, als wij seksualiteitsbeleving een relatiebeleving noemen, wij deze relatie veel ruimer zien dan de partnerrelatie. Seksualiteitsbeleving noemen we immers zich bewust als man of vrouw verhouden tegenover de dingen, mezelf, de andere(n). De partner, al of niet van het andere geslacht, is dus slechts een onderdeel, één van de mogelijkheden van mijn totale seksuele veld. En in die partnerrelatie is genitaliteitsbeleving op haar beurt slechts een onderdeel.

Met deze bepalingen heb ik echter nog niets gezegd over de kwaliteit van mijn aanwezigheid bij dingen, mezelf en andere(n). Tederheid is nu precies goede kwaliteit, omdat ze wederzijds bevestigende waardering wil beleven.

2. Van genitale informatieve voorlichting naar relatiebekwaamheid

Wij zijn dus erg blij dat seksualiteitsopvoeding evolueert naar 'opvoeden tot relatiebekwaamheid', op voorwaarde dat zij vanuit deze bekwaamheid leert kiezen voor kwaliteit van aanwezigheid. Het laatste volgt niet noodzakelijk op het eerste.

Het moet tevens ook duidelijk zijn hoe groot nog de afstand is tussen het bestaande en de verwezenlijking van 'tussen droom en partner'. (G. Lambrechts)

Tot nu toe blijft seksualiteitsopvoeding meestal beperkt tot seksuele (= genitale) voorlichting : een eerste algemene informatie in de lagere school, een tweede algemene informatie in het middelbare onderwijs en een speciale aandacht voor huwelijksproblematiek in de hoogste klas.

Samen met G. Lambrechts meen ik dat opvoeding tot relatiebekwaamheid toch heel wat ruimer en omvattender is. Het betreft namelijk de gehele persoon en het is geen 'af en toe'-werk, maar een doorlopende groei zowel van de opvoeder als van kind en jeugdige.

De-seksualiseren we en de-genitaliseren we de seksualiteitsopvoeding niet in deze optie ?

Ik meen van niet. Ik bevrijd bewust de relatiebekwaamheid van het overaccent, van eenzijdige en gedisproportioneerde overdruk van genitaliteit. Ik wil deze heel bewust relativeren, d.w.z. deze de plaats geven die haar toekomt. In zekere zin de-seksualiseer ik de seksualiteitsopvoeding, indien men eronder verstaat dat ik seksualiteit haar oorspronkelijke betekenis teruggeef. Ik ontdoe haar van haar negatieve betekenis van seks.

Indien men eronder zou verstaan dat ik door relatiebekwaamheid en tederheid te promulgeren, in een wijde boog rond lichamelijke beleving, zowel in haar ruim seksuele als in haar genitale componenten, wil trekken, dan heeft men het mis.

Het bespreekbaar maken en hanteren van lichamelijke ervaring, dit fijn vinden en ervan genieten, zijn nu eenmaal noodzakelijke voorwaarden voor relatiebekwaamheid. Daar start ze.

127

3. Opvoeden tot tederheid

Opvoeden tot tederheid verloopt in verschillende fasen.

Eerst worden we opgevoed, dan voeden we onszelf op, tenslotte worden we opvoeders. Deze fasen verlopen niet achter elkaar in de gegeven volgorde, maar door elkaar.

Een baby wordt opgevoed tot tederheid, maar is tegelijkertijd ook opvoeder tot tederheid van de moeder en de vader.

In bepaalde periodes liggen de accenten wel uitdrukkelijker op het een of het ander, maar het is voor ons van wezenlijk belang dat de tederheidsrelaties op elk ogenblik in verschillende richtingen werken.

Opvoeden tot tederheid beperkt zich dus niet tot een bepaalde fase in het leven, maar is een blijvende opgave heel ons leven door. Immers, in elke leeftijdsperiode is men anders teder.

- de zogende baby in lustvolle zaligheid;
- het kirrende brabbelende klein-kind, fier om zijn eerste kunnen;
- de knuffelende, vleiende peuter;
- de waardering- en warmte zoekende kleuter;
- het ontdekkende ondeugende schoolkind;
- de zintuiglijke, onverwoestbare rakker;
- de eerste maandstonden, de eerste zaadlozing;
- de zinnelijke, lome puberteitsdromer;
- de identiteitszoekende, zich ontvoogdende adolescent;
- de verliefd verloren vrijer;
- de zalige hoogtij van de verloving;
- de droom van de wittebroodsweken;
- de realiteit van de partnerrelatie;
- weten dat men zwanger is;
- voelen dat men moeder is;
- beseffen dat men vader is;
- enz.

Dit is een stuk abstracte geschiedenis van één bepaalde tederheidsgroei, maar zo zou er telkens een verhaal geschreven kunnen worden van elke mens, een uniek concreet verhaal, waarin talloze personen en omstandigheden een rol spelen en het tederheidsbeleven anders kleur en inhoud geven.

Van welke kwaliteit deze tederheid zal zijn, hangt af van de eigen mogelijkheden, maar ook van de kansen die men krijgt door personen en omstandigheden die het verhaal meeschrijven. Over die kansen willen wij het uitvoeriger hebben.

1. De in-wezigheid : in de schoot

Opvoeding tot tederheid begint reeds lang vooraleer men op de wereld is. Er is immers heel het culturele erfgoed, de sfeer en mentaliteit waarin men terecht komt.

Onze huidige wereld is niet teder. Ze kenmerkt zich door toenemende afwezigheid, vervreemding, vereenzaming en uithuizigheid. De moderne mens oefent zich in steeds grotere mobiliteit en flexibiliteit.

Erger wellicht dan de verloedering door vervuiling van lucht, water, natuur, is de grondige verloedering van de wortels van ons bestaan. Wij gooien ons verleden met roekeloze overmoed overboord. We weten niet meer vanwaar we komen : de familie, de cultuur, de voorouders... We knoeien in nog grotere onverantwoordelijkheid met onze toekomst. Wij voelen ons niet meer ingeschakeld in de grote mensenketen. Die onverantwoordelijkheid maakt dat wij geen zorg besteden noch aan het fysische noch aan het psychische milieu waarin een nieuwe mensenvrucht gestalte krijgt.

Moderne onderzoekers geraken meer en meer onder de indruk van het fundamentele belang van de prenatale ervaringen.

Met een neologisme zou ik deze symbiotische aanwezigheid in de schoot 'inwezigheid' willen noemen.

De invloed die uitgaat van de kwaliteit waarmee men een kindje verwacht — of het welkom is of onverwacht — wordt schromelijk onderschat. Men moet met dit kind bezig zijn. De in- en uitwendige communicatie is reeds volop bezig.

Wij willen geen valse romantische nostalgie rond het nog-niet-geboren kind wekken, maar willen ons duidelijk distantiëren van valse emancipatie.

Vrij veel mensen hebben op latere leeftijd het remmend gevoel nooit of niet graag verwacht te zijn, er teveel te zijn, nooit geboren te zijn (cfr. Virginia Axline, Dibs). Nog vóór hun geboorte wordt hun iets essentieels ontnomen : de grond om er te zijn.

In-wezigheid is de allereerste vereiste voor aanwezigheid.

De symbiotische ononderscheidenheid, de oer-verbondenheid staat borg voor de mogelijkheid om zich later verbonden te voelen. Wie dit heeft moeten missen, kenmerkt zich door onzekerheid. Het is net of ze geen nest hebben gehad, geen haven, geen ankerplaats. Ze zoeken zonder te weten wat, ze dolen doelloos zonder houvast.

In deze communicatie spelen gezonde voeding, een ontspannen sfeer en rustige tijd een diepingrijpende rol.

Wij staan dan ook verbluft toe te kijken hoe zwangere vrouwen bijzonder slecht eten, ononderbroken full-time blijven werken in een stress-sfeer, zonder zich de tijd te gunnen voor een mentale en fysieke voorbereiding. Het is allemaal wel haalbaar, zo schijnt het, maar het is een kwestie van wat we waardevol vinden en wat schijnwaarden.

Vandaag wilde ik weer in uw schoot,
wijd als de zee en zo bewogen,
en toe op zijn geheimen groot,

vandaag wilde ik weer in uw schoot
waar ik geboren en getogen
ben, onwetend, donker en rood,

vandaag wilde ik weer in uw schoot,
de humus van leven en dood,
moederkern, mijn hoofd neerleggen.

En wachten wat gij zoudt zeggen.

Hubert van Herreweghen

2. Het eerste draagvlak : op de schoot

Tot voor kort scheen men zonder meer het belang van de eerste levensjaren als een grondpijler van de moderne wetenschap te aanvaarden. Freud had ons dat nog aangetoond. Nu weet men geen weg met deze bevindingen : men is op zoek naar alibi's, naar valabele vervangers voor de zo onmisbare sleutelfiguren 'moeder en vader'.

De moderne samenleving heeft nieuwe noden gecreëerd. De moderne volwassen mens voelt zich daarin bijzonder goed, maar voor kind is er geen plaats. Er is evident veel veranderd; ouderschap zal wel anders beleefd moeten worden en in nieuwe vormen vertaald. Maar wij geloven stellig dat het eerste draagvlak voor een kind de moeder is. Wij schreven in hfdst. 2.2A over de uitbouw van het identiteitsplatform en het belang van duidelijke en vertrouwvolle oriëntatiepunten. De eerste aanzet en het meest natuurlijke referentiepunt is de moeder. In de meest benarde posities, b.v. bij bombardementen en in angsttoestanden rollen wij ons spontaan in de embryohouding en roepen wij om moeder. Zij is niet alleen — in normale omstandigheden — psychisch de meest adequate, maar zelfs fysisch en hormonaal groeit ze met de ontwikkeling van het kind mee. Een pleidooi voor de borstvoeding steunt dan ook niet alleen op het onmiskenbare psychisch-fysisch vlakbije en warme contact moeder-kind, maar ook op de uniek aangepaste voedingsbehoeften van het kind en de herstellingsbehoefte van de moeder.

De moderne mens wil niet meer op deze manier gebonden zijn en afhankelijk van het kind. Men wil vrijer zijn, beweeglijker, typische taken kunnen overgeven aan andere vreemde personen. Men is minder en minder *verbonden*. De niet-aanwezige tijd tracht men dan na werk en persoonlijke ontspanning of ontwikkeling in te halen en te compenseren. Maar kan dat ? Bestaat niet het reële gevaar dat men op die ogenblikken óver-aanwezig is en het kind verwent, om de verbondenheid die met die vreemde gegroeid is af te kopen, affectief en/of materieel ?

Waar het op aankomt is kwaliteit van aanwezigheid, m.a.w. tederheid die vertrouwvolle referentiepunten waarborgt. In feite kan dit geboden worden door andere personen dan de moeder. Maar hoeveel personen komen in aanmerking die dergelijke kwaliteiten kunnen waarmaken ? Wat wij in concreto zien is een dagelijks gesjouw en gesjacher van kinderen naar crèches, pleegmoeders, grootouders of een ingewikkeld switch-manoeuvre. Men troost zich met de bewering dat deze kinderen eerder sociaal zijn en meer weerbaar; ze zijn vlugger klaar om de samenleving in te stappen. De vraag is natuurlijk : Welke kwaliteit van samenleving willen wij in de toekomst ?

Tegen bepaalde emancipatie-bewegingen in pleiten wij voor de herwaardering van de huismoeder (en/of huisvader; in alle geval voor ouder-aanwezigheid). Wij willen de vrouw niet opnieuw degraderen tot de huis-, tuin- en keukensloof, haar laten verdommen en verkommeren in plassen en wassen, en alle vrouwen tot moederschap dwingen. Maar samen met Prof. Bladergroen zijn we overtuigd dat wie kinderen wil, er *zelf* voor dient te zorgen.

Tegelijkertijd willen wij pleiten voor alternatieve vormen, zoals ruime mogelijkheden voor 'n half-time job, vergoedingen voor thuiswerkende moeders, voedings- en opvoedingsverlof (een jaar of twee jaar zonder wedde), zinvolle bijscholingscursussen in kinderverzorging en kinder- en jeugdpsychologie enz.

In ditzelfde kader van opvoeding tot tederheid zal men trachten meer de vader in deze kwaliteit van aanwezigheid te betrekken. Men zal het taaie standpunt dat de vader een uithuizige figuur is, die dag en nacht werkt en druk bezig is, die de wereld buiten symboliseert (de moeder de wereld binnen) — m.a.w. dat men pas viriel is en echt man als men afwezig is —, moeten verlaten en vervangen door de vader als een aanwezig vertrouwvol oriëntatiepunt. Het is voor een kind noodzakelijk zich aan dit punt te refereren, kans krijgt om zich te identificeren. Het is voor de evenwichtige uitgroei van een kind van levensbelang te evolueren tot het besef dat het niet alleen gedragen wordt door de moeder, maar dat een nieuw draagvlak wordt ontworpen, nl. dat van vadermoeder.

De vader is niet alleen de rivaal in de bekende Freudiaanse driehoek, hij constitueert mede het identiteitsplatform van het kind.

3. De onvermoeibare vrager
Ontwikkeling van de uitwendige zintuiglijkheid

Opvoeding tot tederheid laat heel de wereld van de zintuiglijkheid openbloeien. Bij het kind — tot ongeveer de puberteit — ligt de klemtoon hoofdzakelijk op de uitwendige zintuiglijkheid, stilaan ombouwend tot ervaring en kennis. Het is de grote leerperiode, leren omgaan met dingen. Dit kind is de onvermoeibare vrager.

Het vraagt met alle zintuigen wat de dingen zijn. Het wil kennen door te voelen, te zien, te horen, te smaken, te ruiken. Het zijn uitgesproken realisten.

De lichamelijke betrokkenheid is zeer intens, zeer vitaal. De zintuigen functioneren collectief, in één omvattende 'gestalt'. Het leidend principe is het lichamelijk lustgevoel. Daaraan oriënteert het kind zich. Goed en kwaad, leuk of onprettig, veilig of bedreigend, vertrouwvol of vreemd enz. passeert het lichaam en wordt afgelezen aan de kwaliteit van lustgevoel. Kinderen zijn onverzadigbare genietertjes; alles wordt naar de eigen lichamelijkheid gerefereerd onder het motto : doet het me fysisch deugd ? Daarom zijn kinderen vrij egocentrisch afgestemd, op en over het randje zelfs egoïstisch.

Het is ook de grote leerperiode voor het omgaan met anderen. Maar de anderen hebben eerder een objectief karakter. De anderen behoren tot hun uitwendige wereld. De subjectieve beleving en de inwendige herkenning gebeuren pas in de puberteit.

Ouders worden beleefd als degenen die voor hen zorgen, het nest waar ze telkens terugkeren na hun ontdekkingstochten. De andere kinderen zijn de noodzakelijke speelkameraden, de medestoeiers, mederavotters. Het is aan de zintuiglijk ontdekte dingen en medemensen dat kinderen zich oriënteren. Van hieruit bouwen ze hun identiteitsplatform vooral in de breedte uit. Het moet duidelijk zijn van welk belang het is met welke dingen en welke mensen zij in contact komen. Wat vinden zij rondom zich als duurzaam, veilig, betrouwvol, zeker, degelijk, deugdelijk ? Bij wie kunnen ze na hun ontdekkingstochten terecht om hun ervaring uit te spreken, te toetsen of zich na pijn en ontgoocheling te bergen ?

Hun lichaamsbeleving, zo zintuiglijk gekleurd, is bepalend voor hun lichaamsschema. Zij worden zich zo bewust van : 'Wat heb ik allemaal ?' De onverwachte vrager maakt een inventaris van zijn feitelijke omgeving.

In het onderwijs zitten we dus op een gevaarlijk eenzijdig spoor : de abstraherende leermethode. Terwijl het kind duidelijk concretiserend leeft, alles een naam en een aangezicht geeft, tot en met de wereld van de fantasie en de magie, werkt het onderwijs juist averechts. Wij onderschatten het enorme belang niet van het ab-

133

straherend denken, maar zijn er vast van overtuigd dat men er veel te vroeg een aanvang mee neemt.

Kinderen krijgen niet eens de tijd meer om zich een vertrouwvol identiteitsplatform op te bouwen. Hun zintuiglijk vermogen wordt vroegtijdig geatrofiëerd om het verstandelijk vermogen kunstmatig op te fokken.

Ons verwondert het niet dat wij leven in een wegwerpcultuur, in een wereld die steeds dreigender op ons afkomt, in verbroken relaties. Wij steunen immers op een manke zintuiglijkheid, op een verkommerde creativiteit, want we leven van abstracties.

4. De vermoeide dromer
Ontwikkeling van de inwendige zintuiglijkheid

Zo extravert het kind, zo introvert de puber. Hij verstilt, trekt zich terug, is naar binnen gekeerd. Hij zoekt zijn eigen kamer en eigen droomwereld. Hij bevolkt ze met nieuwe figuren. Wat hij als kind ontdekte, behoudt hij, en die uitwendige verkenningstocht gaat verder, maar zijn aandacht wordt naar zichzelf getrokken. Het is sterker dan zichzelf. Er gebeurt enorm veel in en met hem, lichamelijk en geestelijk. Hij raakt gedesoriënteerd en zoekt naar nieuw houvast. Hij woont in onzekerheid.

Zo ontwikkelt hij zijn inwendige zintuiglijkheid : de wereld van de gevoelens bloeit open. Hij experimenteert hoe alles aanvoelt en wat het hem doet. Hij stelt niet enkel de vraag 'Wat heb ik ?' maar 'Wat ben ik ?. Het is een zoeken naar 'Hoe zie ik er uit ?', 'Wie kijkt er naar mij om ?' Hij is zeer lichamelijk gericht op het eigen lichaam, en daarom vergelijkt hij het voortdurend met lichamen van anderen in een spel van conformisme, affirmatie, aconformisme. Belangrijk is tot de groep behoren, aanvaard zijn, er normaal uitzien.

Hij vindt het moeilijk om zichzelf te aanvaarden, omdat hij nog niet kan weten wie hij is.

Onze cultuur belast nu juist déze wankele periode van onzekerheid, van grote ik-labiliteit extra. Het grote fysische onevenwicht wordt nog eens versterkt door zware intellectuele arbeid en door een sfeer van stress onder ouder- en schooldruk. Enkel de verstandelijk begaafden kunnen rekenen op bevestiging en aanmoediging. De

anderen voelen zich ellendig in de kou staan. Zij moeten de nodige zelfbevestiging elders zoeken. Thuis kunnen ze die moeilijk vinden, want ook de ouders tonen ostentatief hun ontgoocheling over de schoolprestaties. Bij zichzelf thuis zijn, ook binnen de geborgenheid van het eigen lichaam, draagt de stempel van egoïsme, zelfbevrediging en moreel onbehagen. En rest dan alleen het 'derde' milieu : jeugdbeweging, vriendenkring, ontspanningssector. Deze periode kenmerkt zich uiteraard door een intense behoefte aan zelftederheid en aanmoedigende bevestiging door anderen.

Wij hebben de indruk dat moderne kinderen de tijd niet krijgen om deze fase door te maken. De ontdekking van de eigen lichamelijkheid en de eigen gevoelswereld gebeurt niet meer eerst bij zichzelf. Er is geen 'moratorium' meer waarbinnen hij kan experimenteren. Alles gebeurt onmiddellijk confronterend met de andere(n), nog vooraleer de jeugdige geconfronteerd is en klaargekomen met zijn zelf-beeld. Hij is op weg naar 'volwassenheid' en wordt daar zo snel mogelijk naartoe geloodst.

De puber is een opgejaagde voortvluchtige : opgejaagd door het jachtige onrustige in hemzelf, opgejaagd door het nietaflatend schoolritme, opgejaagd door een uitbuitende vermoeiende maatschappij.

Hij is kwetsbaar en vermoeibaar.

Onze pubers zijn gekwetst en moe. Ze ondergaan een bombardement van zintuiglijke prikkels, die ze niet meer subjectief kunnen verwerken. Hun lichamelijkheid wordt te vroeg genitaal geappelleerd naar andere geslachtelijkheid toe. Dit alles in een ambiguë situatie, nl. een schrijnende discrepantie tussen de wereld rondom hen en de thuis- en schoolwereld.

Opvoeding tot tederheid voor pubers ligt volgens ons dan ook in volgende punten :

- meer rustige tijd voor zichzelf, in een ritme dat is aangepast aan de enorme fysische en psychische veranderingen;
- een sfeer van aanmoediging en bevestiging;
- meer ruimte voor en begeleiding van de ontplooiiende gevoelswereld;
- meer kansen tot zelfexpressie en creativiteit;
- wegnemen van de morele druk op lichaamsbeleving en genitaliteit;

- inoefenen van inwendige zintuiglijkheid (meditatie, natuurbe-
leven, eenzaamheid, muziek, poëzie, dromen...);
- verdieping van de uitwendige zintuiglijkheid (wat is *aan* raken,
strelen, beslagleggen; wat is kijken, ontluisteren, fixeren, bekijken;
wat is luisteren, beluisteren, lawaai, stilte, empathie; wat is smaak,
consumeren, proeven, genieten; wat is natuurlijke geur, chemische *geu...*
lichaamsgeur enz.;
- bijbrengen van zachtheid, ontvankelijkheid, intuïtie, zachte
krachten;
- kleinschalige leefgroepen, werk- of studiegroepen, jeugdbeweging;
- sociale betrokkenheid en engagement;
- voldoende slaap, gezonde voeding, zin voor soberheid;
- bescheiden taktvolle maar duidelijke aanwezigheid van ouders en
opvoeders, die af en toe laten merken en zeggen dat ze van hem
houden.

5. De zinnelijke genieter

Het volle leven

Zullen we
zei ze
samen
in een groot bed
in een hotel-
kamer
gaan liggen
met pyama's
aan en dan de knecht
taart
laten brengen ?

Judith Herzberg

Elke mens is vanaf zijn geboorte beurtelings niet-mooi, schreeuw-
lelijk en mannequin. Het heeft te maken met de wetmatige ontwikkeling van de proximale en distale delen.
Zo zijn we mooi rond twee jaar (de blote fotobabies op een
schapenvacht), rond zes à zeven jaar (eerste communie), rond

twaalf jaar (plechtige communie) en rond achttien jaar (Romeo's en Juliette's). Tussenin is er telkens een disproportie tussen de ledematen en de romp. De adolescent is zo'n Griekse God of godin, zinnelijke genieter. De vraag is nu : 'Wie ben ik ?' ! Ze zijn op zoek naar de eigen identiteit. Tintelend van kracht en mogelijkheden voelen ze zich heerlijk in hun eigen vel. Zij leven niet alleen sterk zintuiglijk, maar ze genieten ook volop van wat die zintuigen hen aanbieden. Dit noemen we zinnelijkheid.

Adolescenten experimenteren met deze zinnelijkheid. Ze koesteren zich in hun ideeën, zijn keiharde discussiepartners, drinken en eten overvloedig, onderlijnen graag hun viriliteit en vrouwelijkheid, zijn charmeurs, enz. *mannelijkheid*

Hun grote probleem is niet meer zozeer de zelfexpressie en zelftederheid. Zij zoeken alle mogelijke communicatievormen en alle mogelijke partners op. Zij zijn niet enkel op zoek naar 'voel ik me goed in eigen vel ?' maar 'wat doet de ander me ?', 'Hoe voelt de huid en het hart en de leefwereld van de anderen aan ?'

Het is eerder een zwervende ongebondenheid dan een blijvende verbondenheid. Het hoeft daarom niet een flirtend vlinderen te zijn, ook al kan het daarin ontaarden.

Adolescenten meten zich zowel met volwassenen als met leeftijdsgenoten op allerlei gebied : fysieke kracht, bevalligheid, kennis, ervaringen, uithoudingsvermogen enz. Daarom maken ze dikwijls de indruk betweters te zijn. Zij houden ervan risico's te lopen en komen daarom over als roekeloos. Zij kenmerken zich door een grote kans op harmonie in hun verhouding met dingen, zichzelf, andere(n). Het is een benijdenswaardige leeftijd vanwege de vitaliteit. Daarom legt onze samenleving zo'n accent op het jeugdige, jonge, adolescente, en spiegelen volwassenen zich aan die fysieke harmonie. Onze cultuur kenmerkt zich door een aantal tegengestelde factoren. Door enerzijds acceleratie- en anderzijds retardatieverschijnselen wordt de adolescentietijd veel langer. Zij beginnen daarom bepaalde lichamelijke communicatievormen veel te vroeg, onrijp, onklaar. Dikwijls ontdekken ze hun eigen lichamelijkheid pas in een relatie met een partner van het andere geslacht, daar waar dit in de puberteit moest gebeurd zijn. Door onrijpheid erotiseren ze op ongezonde wijze heel het domein van de

137

communicatie. Er schijnen voor deze adolescenten geen andere vormen van communicatie te bestaan dan het vrijen en het jagen op een seksuele partner.

De zinnelijkheid die een genietende verdiepte zintuiglijkheid is, wordt van de zintuiglijkheid ontdaan, zodanig dat er enkel eenzijdig hedonistisch genieten overblijft. (Over-lawaai, over-belichting, over-drinken, over-snelheid enz.).

De leeftijd die zich zou moeten kenmerken als een tijd van verdieping en inworteling, wordt omgebouwd tot oppervlakkig, ordinair. Er heerst de taaie wet van de middelmaat. Zo zijn ze een gretige prooi en een onverzadigbaar afzetgebied voor de moderne markt. De fysieke vitaliteit, die als hét ideaal door reclame en handel wordt gepropageerd, bevestigt hen in de overtuiging dat uiterlijkheid van enorm belang is.

In deze oppervlakkigheid kan tederheid geen wortel schieten, omdat de kwaliteit van aanwezigheid even goedkoop is als de oppervlakkigheid zelf.

Ik heb dikwijls de indruk dat veel adolescenten elkaars aanwezigheid consumeren. Het wordt een levensstijl die wel een aantal gebaren en symbolen gebruikt uit het arsenaal van de tederheid, maar nooit echt 'tederheid' wordt.

Zij hebben het ook nooit geleerd. Alle opvoedingsmilieus blijven hier schromelijk in gebreke.

Opvoeding tot tederheid voor adolescenten ligt onder meer in volgende punten :

- vorming en inoefening van alles wat communicatie bevordert, in alle richtingen, zowel naar de eigen leeftijdsgenoten, zowel jongens als meisjes, als naar jongeren toe (jeugdbeweging enz.) en naar ouderen;

- bijbrengen en inoefenen van taalgevoel, bewegingsexpressie, symboolgevoeligheid, religieuze verbondenheid, alle vormen van kunst, humor;

- besef van de eigen culturele waarden in kritische vergelijking met andere culturen;

- ruimte voor lichaamsbeleving van zichzelf en anderen. Deze ruimte moet zo ruim zijn dat de specifieke genitale beleving er niet het enige accent heeft.

Voor de opvoeding van seksualiteit van pubers en adolescenten verwijzen wij naar het voortreffelijk werkboek van G. Lambrechts, *Tussen droom en partner* DNB. 1979.

Wij denken hierbij aan : - dans, toneel, muziek; gezamenlijke sportbeoefening zoals zwemmen, atletiek, tennis, wandeltochten enz studie- en ontspanningsgroepen; gezamenlijk sociaal engagement; - het bespreekbaar maken van de lichaamsbeleving, de seksualiteit, de genitaliteit, de tederheid, in werkgroepen. Hierin zouden zowel een brok geschiedenis van de seksualiteit en de erotiek gegeven kunnen worden, in eigen en andere culturen, als het ter sprake brengen van de eigen groei en ervaring;
- het leren van hartelijke en tedere omgangsvormen, herwaardering van beleefdheid, takt, schroom...;
- de creatieve zin om ruimtes gezellig in te richten, vormen van gastvrijheid;
- herwaardering van de dankbaarheid. Het onvermogen om zijn dankbaarheid te uiten ligt erg dikwijls aan het gemis van spontane tederheidsuitingen.

Als hij mij een hand geeft,
kleedt hij mijn vingers uit.
Toch verlang ik zo naar dit
contact met mijn huid.
Als hij met een vinger de split
van mijn vingers beroert, word ik rood
en voel ik mijn schoot.
Wij glimlachen, het doet ons goed.
Is het wel, als het moet ?
Maar ik geef toe
en doe, en doe, en doe

Pierre Kemp, 'Verloofden'.

6. De persoonlijke verbondenheid

Door deze geleidelijke groei heen rijpt elke mens tot een persoonlijke keuze. Men gaat nu zelf beslissen hoe men de eigen relaties met dingen, zichzelf, de andere(n) of de Andere wil uitbouwen, waar men zijn levensaccenten wil leggen, in welke proportie en met welke kwaliteit.

Men wil ongebondenheid vertalen naar verbondenheid; dit vraagt een specifieke vormgeving van eigen tederheidspatronen.

We hebben hierover uitvoerig geschreven in hoofdstuk 2.

In de opvoeding tot relatiebekwaamheid maakt men steevast een aantal grondige fouten :

- relatiebekwaamheid beperkt men tot partnerkeuze;
- partnerrelatie is altijd man-vrouw-relatie.

Opvoeding van bekwaamheid tot relaties is niet a-priori doelgericht op een partnerkeuze. Alle relaties hebben op zichzelf waarde. Het is niet zo dat ze hun uiteindelijke zin slechts vinden in een partnerrelatie. En vice versa : een partnerrelatie loopt vlug spaak als ze alleen maar steunt op deze relatie zelf. Ze moet gevoed worden door relaties met dingen, zichzelf en anderen buiten de partner. Een opgave van bekwaamheid tot relatievorming is soms precies : klaar komen met een leven zonder partner, zoals voor alleenstaanden, weduwen, wetenschappers enz. → *celibatairen*

uitspraak, gaat een nieuw perspectief open voor mij

De eigenlijke kern van bekwaamheid tot relaties is : bekwaam zijn om in een of andere vorm 'verbondenheid' te beleven : 'Bij wat of wie wil ik met welke kwaliteit aanwezig zijn ?'

Mijn levenspartner kan evengoed mijn werk zijn, of mijn kinderen (indien ik weduwe ben), of God (indien ik religieus ben), of een groep mensen (met wie ik mij geëngageerd heb), of een ideologie. Dit betekent niet dat zij mijn enige levenspartners zijn. Elke mens heeft dus uiteraard behoefte aan meerdere 'levenspartners'.

Elke exclusieve 'partnerrelatie' loopt het enorme risico te sterven aan haar eenzijdigheid. Onze maatschappij voedt ze eenzijdig op (voor zover ze opvoedt) tot de man-vrouw relatie. Er bestaat geen opvoeding tot alleen-staan, tot oud-worden, tot loslaten van relaties (b.v. als de partner sterft, bij echtscheiding). Mentaal is men daar helemaal niet op voorbereid. Alles wordt geïnvesteerd op de man-vrouw-partnerrelatie.

Daarom heeft onze tijd het erg moeilijk met allerhande nieuwe vormen van relaties zoals de homofiele verhouding, de adolescentenrelaties, het ongehuwd samenwonen, gemeenschapshuizen en leefgroepen enz.

Opvoeding tot bekwaamheid tot relaties zien we dus in volgende punten :

A - verruiming van het begrip relatiebekwaamheid;

B - opvoeding van keuzebekwaamheid;

C - opvoeding van wil tot verbondenheid;

D - doelbewust afremmen van over-mobiliteit, herwaardering van rust, vastheid, duurzaamheid;

E - opwaardering van andere vormen van verbondenheid dan de man-vrouw-relatie : alleenstaanden, vriendschapsrelaties, godverbondenheid, familieverbondenheid...;

F - beoefenen van hartelijke vormen van tederheid tegenover vrienden, ook lichamelijk uitgedrukt : troosten, bezoeken, deelgenoot laten zijn van vreugde, pijn, verdriet, gastvrijheid;

G - integratie van eenzaamheid (cfr. belang van zelftederheid hfst. 2) als positieve beleving;

H - uitwisseling en bespreken van religieuze ervaringen of dingen die te maken hebben met de wortels en de toekomst van het bestaan;

I - vriendengroepen die samen aan creatieve en gezonde ontspanning doen...

Aan de mooiste

ik zou me graag in je aders bevinden
om op een kleine gondel
langs je donkre bloed
naar je bodemloze hart
te varen.

ik steek van wal in je mond
en vaar langzaam af,
stroomafwaarts
langs je koele vaargeulen
van je lichaam
naar de plaats,
waar ik aanleg

141

en waar ik onveranderlijk ben
en eeuwig en alomtegenwoordig.

hier
heet je lichaam
Venetië
de stad,
die — volgens de laatste berichten —
langzaam wegzinkt in het water

Luuk Gruwez

IV. tederheid: genezen van seks

De vrienden hebben afscheid genomen.
De zon is ondergegaan
en de moeë kinderen zijn ingeslapen.
Ik heb mijn vrouw bij de afwas geholpen
we hebben samen de ruiten gezeemd
en nu staan we hand in hand
naar buiten te kijken.
Op een avond als deze
hebben de mensen God geschapen.

H. Gorter

Inleiding

Genezen van seks.
Het klinkt wat bizar ouderwets, zul je denken,
na zo'n pleidooi voor lichaamsbeleving en ruime seksualiteit.
Gaat hij met de ene hand terugnemen
wat hij met de andere zo kwistig heeft uitgestrooid.
Zul je denken :
even terug relativeren wat wit-zwart in contrast is gezet ?

Ik zie rondom mij veel relaties onnodig vlug   *er zijn nog veel*
verslijten, verwelken, afsterven.   *echtscheidingen*
Ik zie mannen en vrouwen na jarenlang partnerschap
bitter en ontgoocheld uit elkaar gaan.
Ik zie koppels zich verschansen en inmetselen
in machteloze onbereikbaarheid,
ivoren torens,
minaretten, elk op een uithoek van hun samenwonen.
Ik hoor hen totaal andere talen spreken,
met volkomen andere verwachtingen leven.
Ik hoor de onmacht bij velen,
hoe ze vertellen welk een worsteling en zelfkwelling het was
om het ter sprake te brengen :
er de moed niet toe hebben,
in onoverkomelijke schuldgevoelens ploeteren,
er geen taal en geen gebaren voor hebben om het te uiten.
Nooit geleerd,
nergens te lezen,
bitter weinig mensen bij wie je vertrouwvol terecht kan,
rustige richtingwijzers.
Ik hoor dat ze hebben gedaan
wat iedereen deed in die tijd :
óp naar het huwelijk,
zorgen dat men de boot niet mist,
instappen zonder proviand, zonder doel, zonder reiservaring,
alsof het een dagje spelevaren was.
Maar dat was het niet.
Het duurde langer, de voorraad raakte op,

de kapitein bleek niet zo'n ervaren zeiler,
de bemanning niet zo eensgezind,
en vooral
het dagelijks eten, dát waarvan ze dachten dat ze leven zouden,
bleek alras eentonige en eenzijdige voeding. → (𝑆𝐸𝑥) ? ?
Dan breekt er muiterij uit op de huwelijksboot...
Hoe kan het anders.

Als het leven alleen op SEX steunt, komt men bedrogen uit. De smaak is er gauw vanaf, indien er geen diepere binding aanwezig is.

door je grote pupillen
zou ik mijn hand steken
om op de tast te zoeken naar
de beelden die je van mij bewaart

ik zou mijn eigen aanblik voelen
en weten waar ik je heb aangeraakt
waar ik nog warm ben in je
en waar ik al ben afgekoeld

Adriaan Morriën

1. De valse droom

In mijn gesprekken met mensen in relatiemoeilijkheden moet ik dikwijls het verhaal beluisteren van 'de valse droom'.

Als jongen of als meisje wordt hen de partnerrelatie als het veroveren van dé vrijheid en als hét paradijs voorgeschilderd. Om verliefd te worden kennen ze bijna geen andere richtlijn dan de lichamelijke aantrekkelijkheid. Veel relaties gaan oorspronkelijk van start op de heel smalle basis van een lieve krullebol, een blondje of gitzwarte, een felle, een zachte, een atletische figuur, een warme ronde, een lieve stem, een stoer type enz.

Men vindt de ander aantrekkelijk; het is bijna een instinctief automatisch gebeuren. Er komen dan nog enkele bedenkingen bij van stand, familie, diploma, leeftijd... en dan is het rond.

Elkaar leren kennen gebeurt bijna uitsluitend in de ontspanningssfeer, in de kermisstemming, in de uiterst welwillende omstandigheden van rozegeur en maneschijn.

Men moet als koppel trouwens aan bepaalde verwachtingspatronen beantwoorden. Als een jongen met een meisje gaat, dan wordt *door het feit zelf* ipso facto verondersteld dat ze verkeren, dan krijgt hij van de bank een uitnodiging voor voorhuwelijkssparen, dan beginnen moeders aan dochters uitzet, enz.

Wie op een bepaalde leeftijd nog geen verkering heeft, wordt te pas en te onpas gevraagd voor wanneer wel en of er nog niets in zicht is... zodanig dat men zich gedwongen voelt om zo vlug het kan het vaste sjabloon in te stappen.

Er bestaat maatschappelijk een ongelooflijke druk naar de koppelrelatie toe. Het huwelijk is een onontkoombaar feit, het is een 'must'.

Het is verbazingwekkend hoe weinig er nodig is aan voorbereiding, aan ernst, aan wederzijdse persoonskennis, aan toekomstperspectief om te huwen. Voor het behalen van een rijbewijs worden er onvergelijkelijk hogere eisen gesteld.

Zoals de fysische betrokkenheid en de aantrekkelijkheid van jongen-meisje tijdens de verkering de spil is, zo is de seksueel-genitale bedrijvigheid de ruggegraat van het huwelijk. Zo lopen we holderdebolder 'de orgastische mythe' in.

De moderne nieuwe jeugd voelt niets voor deze rolpatronen en zet zich schrap tegen moeders uitzet en vaderlijke bemoeiingen. Zij hebben gehoord van de vroegere onwetendheid, het vroegere taboe, en hoe weinig lust er mocht en kon beleefd worden. Zij profiteren nu ongeremd van de emancipatiestrijd van vorige generaties.

Maar net als deze staan ze onder grote maatschappelijke druk, nl. meedoen aan de erotische rage. Zij dromen niet, klaar wakker bedrijven ze de liefde. Het is een nieuwe communicatievorm, even involverend, overrompelend en benevelend als hun muziek, hun drinken, hun drugs... evenmin als vorige generaties zijn zij voorbereid op deze relatievorming, die dieper ingrijpt dan men vermoedt. Beter geïnformeerd, beter gealarmeerd, maar zeker niet beter voorbereid op kwalitatief sterke relaties. Hun kwaliteit van aanwezigheid is vluchtige streling, liefjes van één weekend.

Ook zij komen tot 'the point of no-return', even overhaastig.

2. De orgastische mythe

Wij schreven reeds over de mythe van het coïtaal gedrag (hfdst. II). Coïtaal gedrag is een essentiële component van de valse droom.

In vroegere generaties kregen meisjes bij de eerste maandstonden als enige informatie mee dat jongens voortaan gevaarlijk waren voor hen. Het werd er diep ingehamerd.

Het taboe op het coïtaal gedrag maakte het nog fascinerender. De kwaliteit van een meisje werd afgelezen aan de gaafheid van haar maagdenvlies. De viriliteit van een jongen aan zijn potentie.

Een flink pak van de huidige adolescenten daarentegen hebben vroegtijdig coïtale ervaring. Het taboe is opgeheven, maar vervangen door een even dwangmatige norm : de groeiende verplichting deel te nemen aan de erotische rage om nog tot de groep te behoren, mee te kunnen, niet aangezien te worden voor een kribbebijter of naïeveling. Nu meten jongeren elkaars kwaliteit niet meer af aan de gaafheid en ongeschondenheid, maar aan de seksuele ervaring : een meisje moet vlot zijn, een jongen moet vitaal zijn.

Dat is van de vorige naar de huidige generatie een hele ommekeer. Het schept totaal andere patronen van communicatie, maar de eigenlijke ondergrond blijft dezelfde. Of men communiceert op basis van het fascinerende, het verbodene, onbereikbare of op basis van het veroverde, beleefde : het doel is voor beide het coïtaal-genitaal gedrag.

Wij willen niet beweren dat in de jongen-meisje of man-vrouw relatie het genitaal-coïtaal gedrag onbelangrijk is. We willen niet de-genitaliseren. Vooreerst is de coïtus één van de mogelijkheden tot goede kwaliteit van aanwezigheid en dus van echte diep-door-leefde tederheid. Verder is ze de natuurlijke weg tot vruchtbaarheid, een weg, die qua verantwoordelijkheid en consequenties voor verbondenheid, wordt onderschat. Ten derde, de coïtus, als genitaliteitsbeleving op zich, kan een prettige en deugddoende ervaring zijn. Er is een portie seks, nl. genitaliteit om de genitaliteit, in elke coïtale ervaring, hoe miniem ook. Tenslotte, in de meeste coïtale ervaringen worden nog andere waarden beleefd wellicht, dan enkel de louter genitale, hoe weinig ook soms.

We zijn nochtans bezorgd om het overbeklemtoonde stereotiepe patroon van het coïtaal gedrag. Het is door te weinig andere kwaliteiten omringd. Het wordt geïsoleerd beleefd, het heeft zo weinig andere bagage en background om creatieve communicatie te blijven. Daarom wisselen tegenwoordig de partners zo snel : men is 'uitgepraat', men kan met elkaar niets meer 'doen'. De aantrekkingskracht van het coïtaal gedrag ligt in *de orgastische mythe*. Orgasme schijnt het summum te zijn in onze samenleving. De jacht is constant open. Veel relaties, ook huwelijksrelaties, ook homoseksuele relaties, hebben als smalle basis de seksueel-genitale betrokkenheid, met als verwachtingspatroon de orgastische beleving.

Dit klinkt, zo botweg neergeschreven, tamelijk cru, maar het steunt op vele verhalen van mensen met relatiemoeilijkheden, op de interrelationele ervaringen van koppels, op het gedrag van vele huidige jongeren, op wat film, televisie, muziek als relatiepatronen voorhouden, enz.

In die beleving klinken nog wel andere harmonieken mee, maar zij is toch de 'cantus firmus', de leidende melodie.

Dit schraal patroon geeft dan, bijna voorspelbaar, na verloop van jaren, het volgende verzieke beeld :

A - *de gewoonte en sleur* installeren zich : men doet het om de andere terwille te zijn, om de lieve vrede, om de partner niet te kwetsen...

B - *de (over)-verzadiging* zoekt naar alibi's : ik ben moe, ik voel me niet lekker, ik heb nog werk, ik moet nog naar vergaderingen...

G - *de verplichting* houdt de fysieke relatie nog recht : mijn lichaam is rechtens ook van mijn partner...

D - *de verkilling* wordt gevoeld en al dan niet uitgesproken : ik veins dat ik er nog genoegen aan beleef; de radar van de partner vangt dubbelzinnige seinen op...

E - *het verzet* vertaalt zich in gedrag : ik wil niet meer, ik wil niet meer op dat ritme, zo dikwijls, op die manier, ik wil en kan niet meer met jou...

F - *weerzin tot soms walging* toe doen de vervreemding definitieve vormen aannemen : men deelt elkanders bed niet meer, slaapt op een andere kamer, soms zoekt men uitwegen zoals een andere partner...

150

De orgastische mythe doet bij de aanvang van de relatie veel partners noodgedwongen liegen. Als de partner tijdens of na de coïtus vraagt : „Liefje, was het fijn, was je weg ?", dan kunnen ze niet anders dan ja zeggen (ook al is het dikwijls neen), omdat nu eenmaal het verwachtingspatroon van de orgastische mythe een bevestigend antwoord eist. Een vrouw wil niet de stempel krijgen van frigiditeit, een man niet van impotentie.

Het is een huizenhoge illusie dat elk coïtaal gedrag een wederzijds orgasme verzekert. Nochtans is dit dé verwachting. Moeilijkheden stapelen zich op als deze verwachtingen niet worden ingelost. Oorzaken zijn veelal te vinden in communicatie-onmacht of -armoede.

3. De communicatie-onmacht

We wezen reeds op het grote belang van de lichamelijkheid in de relaties tegenover dingen, zichzelf, de andere(n). Veel communicatieonmacht vindt haar oorsprong in het volkomen gebrek aan of een gebrekkig lichaamsschema. Men heeft geen zicht op het eigen lichaam, wat men er mee kan doen, welke ervaringen prettig zijn, welke zones verrukkend. Men kent geen grenzen omdat er geen verkend en bekend land is. Het eigen lichaam is door zichzelf nooit ontdekt, door-voeld, beleefd. Het is een onderontwikkeld instrument tot communicatie gebleven. Het spreekt geen eigen ontworpen taal, het kent het wisselende ritme niet. Men heeft nooit geëxperimenteerd welke voorkeuren het lichaam heeft, waar het graag gestreeld wordt, gezoend, gezien, gegrepen; waar het zindert, waar doorheen de lading gevoelens zich een uitweg zoekt of zich genietend neervlijt; hoe zenuwen en spieren en aandacht zich spannen en hoe de tonus tot rust en ontspanning komt. Men let ook niet op heel het nodige arsenaal van omgeving, de rekwisieten, om tot volle bloei van tederheid te kunnen komen, nl. de kwaliteit van de dingen rondom, hun bergende kracht, hun karakter van veiligheid en rust, hun betrokkenheid bij het gebeuren.

Het typische van oppervlakkig coïtaal gedrag, ook van ziekelijke masturbatie, is gezichts-, gewaarwording- en bewustzijnsverenging. Echte tederheid is verwijdend, het spant een kleurige regenboog aan de horizon en betrekt heel de schepping in deze ontmoeting.

Veel gebrekkige lichaamsbeleving stamt uit een opvoedings-taboe op de eigen seksualiteit. Tal van mensen hebben belangrijke zones van hun lichaam nooit of met een gevoel van schuld en weerzin geïntegreerd. Vanuit deze houding trekken ze dan het huwelijk in. Het enige perspectief is het dikwijls gehoorde verhaal van de orgastische mythe, het land van melk en honing. In deze moeilijke gespannen omstandigheden vindt dan de moeizame verkenning van elkaar plaats. Want datgene wat zo simpel en vanzelfsprekend werd voorgesteld, loopt niet altijd van een leien dakje.

Men ervaart een verschillend lichaamsritme : de man is dikwijls ruw, hard, vlug geprikkeld en komt sneller klaar. De coïtus moet telkens, daaraan vastgekoppeld, vlug gebeuren. Veel mannen vinden het dan vanzelfsprekend dat ondertussen de vrouw ook haar climax heeft bereikt en in de coïtus tot orgasme komt. Maar dit is zelden het geval.

Vele vrouwen hebben een veel langere aanloop nodig. Voor hen begint het liefdesspel al in de loop van de dag : denken aan en dromen van de partner, het intuïtief verwijlen, de kleine attenties, het rustig lief samenzijn, de tedere gebaren. Voor de vrouw is een langer innig samenzijn in de geslachtsgemeenschap belangrijker dan voor de man. Zodra de man zaaduitstorting heeft gehad, valt de spanning vrij vlug weg. Hij wordt slaperig van het orgasme, de vrouw echter wordt pas wakker. Zij heeft het nodig langer te kunnen uitdeinen, wegebben. Zij wil aanwezigheid bestendigen, vasthouden. Kortom : voor haar is er een opbouw van aanwezigheid nodig. Vrouwen hebben veel meer behoefte aan tedere aanwezigheid dan aan direct seksueel-genitaal contact. Voor hen krijgt dit laatste maar echt zin (en hebben ze er zin in) als het gedragen wordt door het eerste. *Ik denk dat dit ook voor mij geldt*

In onze mannenmaatschappij, die gericht is op prestatie, en in onze morele omgeving, die gericht is op vruchtbaarheid, overheerst het mannelijke viriele schema : het klaarkomen is belangrijk. *voor mij niet*

Seksuele conflicten situeren zich dikwijls in onwetendheid, ongevoeligheid, onbegrip van en voor elkaars verschillend ritme en voor elkaars verwachtingspatroon. Dikwijls verwacht de man van zijn vrouw dat zij een goede seksueel-genitale partner is. Dikwijls verwacht de vrouw van haar man dat hij teder aanwezig is. Het ligt dus anders.

Veel koppels starten met het klassieke patroon en vanuit het klassieke verwachtingsschema, nl. het viriele coïtale gedrag. Veel vrouwen voelen zich echter na verloop van tijd hierin niet meer gelukkig en onbevredigd. Hun inbreng in de relatie is nihil. Datgene wat zijzelf voelen en in wezen zijn, krijgt geen kans.

Wellicht hebben de vrouwenemancipaties en de bewustwording van hun eigen typische gaven, veel ertoe bijgedragen om grondige veranderingen te brengen in de relatiebeleving.

Veel koppels zouden moeten genezen van seks en bevrijd gaan leven van tederheid. *Seks is geen hoofdzaak.*
lief, aardig en goed zijn wel.
Dan volgt liefdevolle seks vanzelf

Tederheid dient niet als omlijsting en middel voor coïtaal-orgastisch beleven, maar coïtaal-orgastisch beleven kan een vorm zijn en een plaats krijgen binnen de totale tederheidsbeleving. Dat is een totaal ander, omgekeerd perspectief.

Veel vrouwen vertellen mij op consultatie dat zij geen tedere gebaren durven maken, zoals dicht bij hun partner zitten, zoenen, een arm om de ander leggen, of wat dan ook, omdat deze altijd eenduidig geïnterpreteerd worden als 'ik wil met jou naar bed'.

Veel mannen willen altijd maar naar bed. Hun gedrag is stereotiep, hun verbale cultuur arm; zij vinden tederheidsuitingen te weinig viriel en te vrouwelijk flauw. Het is hun altijd zo geleerd.

Er zijn tussen de partners te weinig dingen die hen binden, er is geen inter-esse, er is niets tussen hen dat hun aandacht gaande houdt. Hoe belangrijk in de man-vrouw-relatie de genitaliteit ook is, ze kan pas haar volle omvang, warmte en intense zachtheid vinden in het kader van kwaliteit van aanwezigheid.

4. Niet enkel in de huwelijksrelatie

Ik zou de zaken verkeerd voorstellen door alleen het huwelijk van eenzijdige seksualiteitsbeleving te betichten. Ook losse relaties zoals het ongehuwd samenwonen of de manier waarop veel jongeren met elkaar omgaan, betalen hetzelfde tolgeld aan de orgastische mythe.

Opvoeding tot tederheid moet grondig en dringend worden aangepakt om jonge mensen te vrijwaren van deze verzieking. Alleen bevrijde lichaamsbeleving in het ruime kader van de tederheid kan voor hen een echte menswaardige uitweg bieden.

Naar mijn gevoel leggen ook homoseksuelen in hun ontvoogdingsstrijd een te grote nadruk op het seksueel-genitale. Zo manoeuvreren zij zich in dezelfde impasse als de heteroseksuelen. Ik kan best begrijpen dat zij zich willen vrij vechten juist op dit terrein, waar zij zo lange tijd verdrukt werden en nog gediscrimineerd worden. Ik wil zelfs begrip opbrengen voor hun politieke strategie — bewust en doelgericht choqueren — ook al voel ik me daar persoonlijk niet goed bij. Dit gevecht om de bevrijding van de seksualiteit voelen zij des te scherper aan en deze strijd moet inderdaad verder gevoerd worden.

Zij maken echter een kapitale fout indien hun objectieven niet verder reiken. Meer nog misschien dan de heteroseksuelen zouden zij moeten aanvoelen, vanuit hun geaardheid, dat kwaliteit van aanwezigheid in relaties belangrijker is dan het seksueel-genitaal axioma. Ik ben ervan overtuigd dat de tederheid van de homoseksuelen een belangrijke boodschap zou kunnen zijn voor de hetero's, indien zij inderdaad kwaliteit vóórleven.

Zo ben ik er eveneens van onvertuigd dat de tederheid, door een nieuwe generatie jonge mensen consequent vóórgeleefd, verrijking, verruiming, verdieping en bevrijding kan betekenen voor een seksualiteitsbeleving die in een impasse zat.

5. Andere aanwezigheid

Ik wil erg summier een aantal vindplaatsen aanduiden voor anderssoortige aanwezigheid dan het stereotiepe patroon, om afscheid te nemen van de seksualiteit en te evolueren naar intimiteit (J. Van Ussel). Misschien geef ik daardoor weer eens de indruk seksualiteit, lichaamsbeleving, genitaliteit en seks te depreciëren, te ontkrachten en in de vergeethoek te duwen. Niets is minder waar. Ik vind het belangrijke belevingen... als ze kunnen groeien op de vruchtbare ondergrond van een rijke multidimensionele menselijke ontwikkeling.

- Ik houd een warm pleidooi voor de herwaardering van de vriendschap.

„Het is bijzonder moeilijk om een vriend te hebben. Een meisje kan je zo krijgen, maar het duurt jaren om een echte vriendschap op te bouwen." (Whyte)

Een van de voornaamste kwaliteiten van de vriendschap is de schroom. Het is huiver voor gaafheid, eerbied voor eenanders eigenheid, takt tegenover de buitenwereld, voorzichtigheid tegenover elkaar, ontzag en waardering voor de geliefde persoon, ingehouden beheerste genegenheid. Het is dit alles tegelijkertijd. Schroom duidt erop dat er een spanning bestaat tussen de beide vrienden — net als twee magneten in polair evenwicht : kort genoeg bij elkaar zodat men de aantrekkingskracht voelt, ver genoeg van elkaar om niet te ontladen en zijn kracht te verliezen. Dezelfde spanning bestaat ook tegenover derden : de zorg de anderen door de eigen exclusiviteit niet te kwetsen, en tegelijkertijd de voorzichtigheid om door buitenstaanders in eigen boosheid niet gekwetst te worden.

- Ruimte voor derden binnen de relatie.

Als men de relaties van mensen onderling kan ontdoen van direct genitaal-coïtale betrokkenheid, dan is er een veel ruimere bewegingsvrijheid voor derden. Sommige paren zouden er baat bij vinden indien ze op een tedere wijze derden deelgenoot zouden kunnen laten zijn van hun genegenheid.

- Ik zou het kind (kinderen) opnieuw een bevoorrechte plaats willen geven. Kinderen kunnen en mogen nooit een redplank zijn voor een stukgelopen relatie. Maar het is wel waar dat kinderen een enorme verrijking kunnen betekenen voor de tederheidsbeleving. Zij kunnen een levend teken zijn van kwaliteit van aanwezigheid en een bewuste keuze om voor elkaar en voor het kind kwalitatief intens aanwezig te blijven.

- Ik hecht veel belang aan fijne wooncultuur, vormen van gastvrijheid, gezamenlijke interesse voor toneel, concert, lectuur, kookkunst, alle vormen van zelfcreativiteit...

Samen reizen is een andersoortige aanwezigheid. Bijscholing op allerlei gebied, zodat men voor elkaar nieuwe gezichten en inzichten krijgt.

- Geproportioneerde inzet en sociaal engagement in buurt, verenigingsleven, hulpverlening enz., als correctie op de eigen situatie en als openheid naar anderen toe.

- Bewust werken aan allerhande communicatievormen naast de verbale en genitale : alle vormen van genegen en hartelijke tederheidsuitingen, dans, relax- en massagetechnieken, meditatie enz.

Waarschijnlijk heb ik niets met je te maken
of minder en steeds minder dan het scheen,
toen je je lichaam vouwde om me heen
en wij de veranderde woorden spraken.

Geen vogel schreeuwt ons van de koude daken.
Voor de zoveelste keer : wij zijn alleen.
Wij zagen hoe de ruimte brak, verdween,
de beelden achter onze ogen braken.

En na al het geluk : ik ken je niet;
na al de misère : ik ben het niet,
die, dwaas als een mens, blindvloog in je armen.

Wachten is het genadebrood der armen.
Ik wacht een leven af, een nieuwe huid
en wens je geluk. Dit geluk is uit.

Hans Andreus

Inleiding

Herhaaldelijk heb ik in de vorige hoofdstukken verwezen naar gesprekken van mensen in een crisissituatie. Ik had het grote voor-
recht deelgenoot te mogen zijn van wat er in hen gebeurde en te
luisteren naar hun verhaal.

Veel van wat ik heb neergeschreven is langzamerhand gegroeid
en langs hen gerijpt om tot deze vorm te komen. Ik ben me bewust geworden hoeveel mensen we in de kou laten staan, hoe
slecht we tekens om hulp opmerken, en vooral dat er maar weinig
mensen zijn die niet op de een of andere manier vragen 'Geef me
wat warmte...'. Ik ook.

Met deze mensen zocht ik telkens naar een weg waardoor ze weer
smaak kregen om verbonden te zijn met dingen, zichzelf, de an-
dere(n), de Andere. Ik had dikwijls de indruk dat ze hier of daar
in die relaties waren blijven steken, of dat die nooit tot stand
waren gekomen of afgeremd werden door erg eenvoudige factoren.

Zo groeide er een eigen vorm van begeleiding.

Ik wil die in alle bescheidenheid voorleggen, omdat ze misschien
anderen kan inspireren mensen te begeleiden in hun ontplooiing.
Er staan geen wezenlijk nieuwe dingen in dit hoofdstuk. Ik zet
alles op een rijtje om het te ordenen tot een bruikbare begeleiding.

Ze is voor mezelf een voortdurende handleiding om zelf meer
mens te worden, milder en met meer tederheid. Ik ben daarom
dankbaar voor de ontmoetingen met al deze mensen die zich even
aan mij toevertrouwden.

1. *In een niet-confronterende sfeer*

Ik ben gelukkig in de mogelijkheid om in een niet-confronterende sfeer te werken. De opstelling is bewust niet-professioneel om de drempelvrees zo laag mogelijk te houden. De afspraak gebeurt persoonlijk, omdat ik de zelf-motivatie belangrijk vind. Ik selecteer de problemen niet, omdat ik overtuigd ben dat kleine grijze pijn even ingrijpend kan zijn als groot grauw verdriet.

Ik ben niet oplossingsgericht. Mijn streven is veeleer mensen weer op weg helpen, opnieuw relaties laten leggen, rijp maken voor een verdere professionele therapie elders, bewustmaken van de voorhanden energie om op eigen benen te staan.

Wat van bijzonder belang is, is de sfeer van vertrouwen en veiligheid. Daarom vinden alle ontmoetingen anoniem plaats. Enkel de voornaam wordt gebruikt als aanspreking, wederzijds. Er gebeurt dus geen intake, geen navraag naar wat vroeger geweest is. Belangrijk is hun eigen verhaal, nu. Wat zij er van vroeger in willen betrekken, bepalen ze zelf, op hun ritme en volgens hun mate van vertrouwelijkheid. Er wordt ook geen enkel moreel oordeel uitgesproken over hun vroegere doen en laten. Het moet mogelijk zijn over de meest intieme relaties open te spreken, er een taal voor te vinden en er begrip voor op te brengen. Er moet een gevoel van solidariteit groeien, van wederzijdse eerbied en schroom voor elkaars eigenheid.

M.a.w. de sfeer waarin de ontmoeting plaatsvindt moet gekenmerkt zijn door kwaliteit van aanwezigheid, tederheid dus. De begeleiding vordert slechts naarmate men elkaar graag ontmoet, beiderzijds. Dat lukt niet altijd en daarom vordert men ook niet altijd, want soms lijkt het eerder op de processie van Echternach.

Wie om begeleiding komt heeft niet de minste verdere verplichting, noch financieel noch persoonlijk. Persoonlijk maak ik nooit na een sessie een afspraak voor een volgende sessie. Men moet de gelegenheid hebben om te zeggen : „Met hem klikt het niet, het is een kop waar ik niet kan mee praten, hij ligt me niet."

Wie graag nog eens terugkomt, moet eerst telefonisch een nieuwe afspraak maken. Zo wordt de motivatie vernieuwd.

Er bestaat geen principiële beperking op de tijd. Er wordt minimum een uur voor uitgetrokken; indien echter nodig loopt de loren, voelen zich in een leegte, bewegen zich onzeker. Het is alsof zij nergens op staan, hoogstens op drijfzand. *Ze zakken door het zijn heen.* Alles is afwezig, bedreigend, beangstigend ijl, onsamenhangend, niet-verbonden.

Het draagvlak van ik en mezelf

Slechte relaties met zichzelf geven een zwakke zelf-identiteit. Dit vloeit voort uit :
- een gebrekkig lichaamsschema;
- een niet-ontwikkelde of geremde lichaamsbeleving;
- een taboe op de zelftederheid;
- een gebrek aan bevestiging en waardering door anderen;
- onvoldoende of voortdurende wisseling van identiteitspatronen;
- onzekerheid die haar oorsprong vond in de slechte relaties met dingen;
- slecht ontwikkelde in- en uitwendige zintuiglijkheid en onvermogen tot zinnelijk genieten;
- schrale of eenzijdige persoonlijkheidsuitbouw;
- enz.

Zij kenmerken zich door zelfonzekerheid, tekort aan zelfvertrouwen, schrik voor verantwoordelijkheid, scrupuleus perfectionisme, onduidelijke aanvaarding van hun man- of vrouw-zijn, afkeer van of angst voor seksualiteit, onvermogen tot genietende relatievorming.
Zij voelen zich niet thuis in eigen vel, vergelijken zich voortdurend met anderen, zijn onrustig en wispelturig. Zij zijn de eerste kandidaten voor depressies omdat *zij door hun eigen bestaan zakken.*
Zij missen immers een draagvlak waarop ze zelf thuis zijn, zich goed en zeker voelen, een eigen nest hebben gebouwd van waaruit ze kunnen uitvliegen en waarheen ze kunnen terugkeren. De afwezigheid ligt in hen zelf, nl. het niet-bezitten van een eigen wezen-heid; ik ben niet af zodat ik mezelf niet kan aanvaarden, niet op mezelf kan rekenen, mezelf niet kan ver-zekeren.

165

Slechte relaties met de andere(n) hebben als oorzaak :
- slechte relaties met dingen, zwakke ik-ding-identiteit;
- slechte relaties met zichzelf, zwakke ik-identiteit;
- geen of stereotiepe communicatiepatronen;
- geremdheid in het uiten van genegenheid;
- onwetendheid t.a.v. het lichaamsschema en de lichaamsbeleving van de andere(n);
- afkeer van genitaliteit;
- gebrek aan weerbaarheid;
- roekeloze, niet haalbare kwetsbaarheid; ;
- niet ontwikkeld gevoelsleven, onbereikbaarheid;
- tekort aan duidelijk grensgevoel tussen ik en de andere(n);
- onvermogen om tekens van tederheid te geven en/of te ontvangen;
- starheid, tekort aan beweeglijkheid, soepelheid, mobiliteit;
- over-mobiliteit, uithuizigheid;
- enz.

Naarmate men meer niveaus, dingen + zichzelf + andere(n) in zijn beleving betrekt, des te complexer wordt het identiteitsplatform en het communicatienet.

Sommigen komen wel enigszins klaar in hun relaties met dingen, en/of met zichzelf, maar kunnen anderen niet op hun platform uitnodigen of voelen zich niet veilig op dat van de andere(n). Kenmerkend is dat zij zich terugplooien naar minder complexe en minder bedreigende niveaus. Het gevaar is echter groot dat deze inperking zich nauwer en nauwer toewurgt.

Een omgekeerde beweging is echter ook mogelijk : steeds verder en verder weg van de eigen persoonlijke kern. Deze mensen zijn steeds op het platform van anderen. Ze hebben zelf geen identiteit en parasiteren elders. Ze zijn onverzadigbaar, bodemloos, afhankelijkheidsziek, kleverige prit-mensen.

Mensen met relatieproblemen tegenover de andere(n) kenmerken zich doordat ze *zich moeilijk ver-staan met anderen, zich verstaanbaar maken, de andere(n) uit-staan*. M.a.w. het is voor hen moeilijk om hun plaats te bepalen tegenover, zich te oriënteren aan en te herkennen in anderen. De afwezigheid ligt in het afgekeerd zijn, de moeilijkheid om te vertrouwen en toe te vertrouwen.

Het draagvlak van ik en de Andere

Voor gelovige mensen komt er nog een relationele dimensie bij, nl. tegenover de Andere. Ook hier kunnen er problematische relaties zijn. Zij komen voort uit :
- een beangstigend godsbeeld (normerend, straffend, wrekend);
- de onvoorstelbaarheid dat God een tedere God is, die bevestigend en waarderend aanwezig is;
- een gamma schuldgevoelens omtrent seksualiteit, want God en seksualiteit zijn moreel onverenigbaar;
- enz.
De afwezigheid ligt in het niet erkennen van de alfa en omega van *het ont-staan,* van de zin van het leven. Zo ontneemt de mens zich alle draagvlakken. Het is de angst voor het niet(s)-zijn, de totale onherkenbaarheid, het definitieve 'Ga weg, ik ken je niet'.

3. Het verstevigen van de draagkracht van de verschillende platformen

Nadat we de draagkracht hebben beluisterd, en bewust geworden zijn waar er eventueel zwakke plekken of te grote mazen zitten, trachten we met eenvoudige oefeningen aan stevigheid te winnen. Men bepaalt zelf het ritme en de intensiteit. De toon is steeds aanmoedigend, geduldig. Er wordt wel uitdrukkelijk en herhaaldelijk gezegd dat er geen beterschap kan verwacht worden, indien men de oefeningen niet doet. Meer zelfs : men moet bij het samenstellen van de oefeningen zelf creatief zijn (naar eigen vermogen), m.a.w. de oefeningen worden niet kant en klaar gegeven. Dit appel op de zelfwerkzaamheid en zelfcreativiteit is een weloverwogen uitgangspunt.

Ik en de dingen

a. Alle vormen van uitwendige zintuiglijkheidstraining.
Zeer systematisch en uitdrukkelijk de dingen gaan be-tasten, be-zien, be-luisteren, be-ruiken, smaken.
Dit lijkt een eenvoudige oefening, maar velen zijn hiertoe niet in staat. Vooreerst zijn vele mensen in een crisissituatie alle contact met de buitenwereld verloren of is het erg versmald. Ze hebben voor niets oor of oog, niets kan hen raken, het kan hen niet schelen, ze zijn ongevoelig, ze hebben in niets meer smaak, ze kunnen de dingen 'zien noch ruiken'. Bovendien, het is niet eens gemakkelijk voor 'normale' mensen. We zijn dit alles verleerd, het is verbluffend waar we aan voorbij lopen. We zijn zintuiglijk arm. Zelfs voor 'normale' mensen is een dergelijke oefening deugddoend en relatie-vernieuwend, een openbaring.
b. Alle vormen van inwendige zintuiglijkheidstraining.
Het inwendig smaken, het onderkennen van 'Wat doen de dingen me ?', het naamgeven (zoals bij een nieuwe schepping), poëzie schrijven en lezen, dingen boetseren, tekenen, schilderen, dingen verklanken, omzetten in ritme, zang, muziek, dans, enz.
c. Zich een nieuwe omgeving creëren.

Zijn huis of kamer netjes maken, herinrichten, anders schikken vanuit het aanvoelen van a. en b.

Bloemen en planten in huis, dieren, haakwerk voor gordijnen, patchwork voor kussens, enz.

Soms : veranderen van werkomgeving, veranderen van woning (verhuizen of van huis weg).

d. Bevorderen van duurzaamheid.

Duurzame dingen kopen (het hoeft daarom niet duur te zijn). Vermijden van wegwerpmateriaal. Zich wapenen tegen consumptie.

e. Oriëntatie-oefeningen, zowel materieel als gevoelsmatig (b.v. waar is het noorden, ik ben het noorden kwijt, vind ik dit leuk ?)

f. Natuurverbondenheid : zie elementen uit a., b., c. en e.

Ik en mezelf

a. Ademhalings- en ontspanningsoefeningen.

Het vinden van het eigen ademritme. Bewustworden dat dit uniek is en variëert met de bewogenheid van degene die ademt. Het onderkennen van de eigen spanningen en ze lichamelijk lokaliseren. De weldoende invloed van ademhalingsoefeningen voor het wegnemen van die spanningen.

Het leren spanningen uit te ademen, goeie dingen in zich neer te leggen.

(Eventueel verwijzen naar cursussen eutonie, yoga, enz.)

b. Vervolledigen van het lichaamsschema.

Bewustmaken van de verschillende lichamelijke velden. Welk beeld heb ik van mezelf ? Wat heb ik van mezelf niet geïntegreerd ? Dedouaneren van taboe-gebieden (b.v. bij vrouwen : borststreek, bekken en vaginale streek) door tastverkenning.

Het is verbazingwekkend hoeveel vrouwen er zijn met een zelfaanrakingstaboe en welk een invloed dit uiteraard heeft op hun relatie.

c. Zelftederheidsoefeningen

Leren zichzelf te strelen, graag bij het eigen lichaam aanwezig zijn.

Zichzelf voelen, bekijken, situeren.

Ongedwongen naakt zijn, een bad nemen.

Genieten van lichamelijke verzorging en hygiëne.

Zichzelf dingen gunnen : goed etentje, mooie losse prettige kleren, vrije tijd, een uitje...

d. Zelf-communicatie : spiegelgesprekken, dagboek, bewust waarderende dingen hardop zeggen tegen zichzelf.

Communicatie met de eigen gevoelens, ideeën, plannen.

e. Zelfwaarde-oefeningen

Belang van goede voeding (b.v. veel alleenstaanden vinden het de moeite niet om voor zichzelf te koken).

Het kunnen weglaten van compenserende dingen : farmaca, alcohol, roken, snoepen.

Het verzorgen van het uiterlijk : fijne kleren, smaakvolle make-up.

f. Het veroveren van een eigen territorium.

Er is veel weerstand, vooral bij de punten b., c. en d.; niet enkel omdat ze ongewoon zijn, maar omdat ze onmiddellijk een wereld oproepen van vroegere opvoeding, schuldgevoelens, dwangmatige morele principes.

Zelftederheid in de vorm van strelen of raken doen we allemaal, maar we geven dit, omwille van godweet welke redenen, niet graag toe. We doen dit onbewust of in verdoken vormen. Het is pas opvallend, wanneer men er bij zichzelf en anderen attent op begint te letten.

Ik en de andere(n)

a. Alle vormen van communicatie.

Communicatiespelen met de handen, met de ogen, verbaal, dansend, mimerend... Blind leiden, vertrouwen en toevertrouwen.

b. Aanwezigheidsoefeningen bij de partner : het samen dingen doen, bespreken van de eigen gevoelens, het teder bij elkaar zijn, streeloefeningen zonder direct coïtaal perspectief.

Het inoefenen van de 'gededouaneerde zones'. Het aan elkaar zeggen wat men graag heeft in het liefdesspel en wat storend is.

c. Bewustmaken van het stereotiepe coïtaal gedrag, de ontmythologisering van de orgastische mythe.

Noodzakelijk hieraan gekoppeld : verruiming van seksualiteitsopvatting, het bewustmaken van andere tederheidsdimensies.

d. Tederheidsuitingen praktiseren bij de kinderen, de vrienden.
e. Voor bepaalde vastgelopen relaties verw.jzen naar deskundige therapieën of cursussen.

Ik en de Andere

a. Opzoeken van de tedere God aan de hand van Oud- en Nieuw-Testamentische verhalen. Zich herkennen in deze ervaringen en ze duiden over de eigen grenzen heen : zich ingeschakeld weten in dit geloof van 'onze Vaderen', in de belofte van verbondenheid.
b. De ervaringen concretiseren naar 'de God onder ons'.
c. Vormen van gebed, bezinning, herbronning vanuit eigen ervaringen.
d. Gevoelig maken voor 'wat ons overstijgt'.
e. Uitwisselen van godservaringen in gespreksgroepen, in de partnerrelatie, met vrienden enz.
Het is opvallend dat mensen met een slechte relatie tegenover dingen, zichzelf en de andere(n), een wankel, vaag en bedreigend godsbeeld hebben. Het is nooit een volwaardige persoonlijke relatie.

Daar ik geleefd (en nog leef) heb is een goede relatie tot God, is bij mij de aanleg aanwezig tot een goede relatie tot dingen en mensen. Ik heb altijd gemakkelijk relatie met mensen gehad.

Je hebt het nu gezegd
je hebt ik heb je lief gezegd
je hebt nu is het leven goed gezegd
je hebt een huis en kinderen gezegd
je hebt wees niet meer bang
en doe je ogen dicht gezegd
en ook : ik kom met tederheid
met ochtenduren avonduren
met een appelboom voor onze tuin
brood voor de maaltijd
schilderijen voor de muren
met open handen
waarin jij jouw handen legt
met verlangen naar je schoot
met zomer, herfst, met ouderdom en dood
met een verhaal voor morgen
een herinnering aan gisteren heb je gezegd

Bijna had ik na dit
zo zacht zo zoet omsingeld zijn
de kleine witte vlag van overgave
als antwoord in mijn stem gelegd.

Ankie Peypers

Besluit

Ik begon dit boek
met het verlangen gelukkig te zijn.
Dat was het eerste.

Ik wil inderdaad genieten van de dingen,
pallieteren, volop leven,
ervaringen filteren in geduld en trouw,
met een brok verdriet ook
en met plaats voor pijn,
de mijne en die van anderen.
Ruimte voor mens-zijn
goed mens
mild mens.

Ik wil anderen gelukkig zien
en daartoe bijdragen
deelgenoot laten zijn van het mijne
deelgenoot mogen zijn van het hunne
speelgenoot
lotgenoot
bergen en geborgen zijn
met nieuwe kansen voor morgen.

Ik schreef dit boek
uit bezorgdheid
om mensen
in een impasse
in groeiende agressie overal
in verstikkende anonimiteit
uit hoop dat tederheid
helend en heilend zou zijn
voor mezelf en voor anderen,
overtuigd dat Hij
'zijn regenboog spant in de wolken
als blijvende verbondenheid'.